L'histoire de la Grèce ancienne et sa civilisation

L'histoire de la Grèce ancienne et sa civilisation

Prosper Mérimée

Editions Le Mono

Collection « *Les Pages de l'Histoire* »

Connaître le passé peut servir de guide au présent et à
l'avenir.

ISBN : 978-2-36659-463-8

EAN : 9782366594638

« Les Grecs portaient partout avec eux une civilisation bienfaisante »

Chapitre I

Les Temps héroïques

L'histoire moderne est décidément seule en vogue parmi nous ; en France, aujourd'hui, loin d'encourager les recherches sur l'antiquité grecque et romaine, on pense qu'elles appartiennent exclusivement aux érudits, aux pédants, disons le mot, et qu'elles ne s'adressent qu'aux écoliers, encore seulement pour le temps qu'ils sont condamnés au grec et au latin. Je suis de ceux qui trouvent ce préjugé fort injuste. A mon avis, le malheur de l'histoire ancienne, c'est d'être enseignée par contrainte et d'être apprise lentement et péniblement. Nous l'avons épelée dans de sombres classes en regardant à la dérobée un coin de ciel bleu à travers les barreaux de nos fenêtres, en pensant avec regret à la balle ou aux billes que nous venions de quitter. Nous avons lu Hérodote et Thucydide lambeau par lambeau, comme on lit maintenant un roman feuilleton, oubliant le chapitre de la veille et comprenant à moitié celui que nous avions sous les yeux. Hors du collège, si par fortune nous avons retenu quelque chose de ce qu'on nous y a montré, l'histoire ancienne pourra devenir la plus attachante lecture. Tout le monde n'est pas roi ou ministre pour avoir besoin des enseignements de l'histoire, mais il n'est personne qui ne prenne intérêt au jeu des passions, aux portraits de ces grands caractères qui dominent des peuples entiers, à ces alternatives de gloire et d'abaissement que de près on nomme la fortune, mais qui, vues de loin et d'ensemble, deviennent la révélation des terribles et mystérieuses lois de l'humanité. Où trouvera-t-on ce spectacle plus animé, plus fécond en péripéties que dans cette classique Grèce, ce grand pays qui tient une si petite place sur la carte ? Dans cette terre privilégiée, pas une montagne qui ne redise le nom d'un poète, d'un sage, d'un héros, d'un artiste. Pour nous, les noms des hommes illustres de la Grèce, de ses *grands morts*, comme disait César à Pharsale, sont encore les synonymes de génie et de vertu. Quelle contrée, si vaste qu'elle soit, peut se vanter d'avoir produit un Socrate, un Platon, un Phidias, un Homère, un Eschyle, un Aristote ? Souvent le monde a été bouleversé par des hordes brutales mises en mouvement, comme les Huns, par un fléau de Dieu. A la Grèce seule était réservée la gloire d'éclairer les autres nations et de les policer. Ses arts, sa littérature, ses armes, ont été bienfaisants. Dans l'espace de quelques siècles, vingt peuples helléniques, ou plutôt vingt petites villes ont déployé une activité sans égale pour réaliser tout ce qui se peut imaginer de bon, d'utile et de beau. Leurs institutions si variées, leurs mœurs plus variées encore se sont ressemblé pourtant par un but commun, celui de conserver à l'individu sa valeur propre et de lui offrir le plus libre développement de toutes ses facultés.

Le temps a cruellement mutilé l'histoire de la Grèce comme toutes les autres parties de sa littérature. Pour reconstruire l'édifice avec ses débris épars, il faut non-seulement le jugement et la critique nécessaires à tout historien, mais encore une variété de connaissances spéciales qui rarement se trouvent réunies dans le même homme : d'abord une intelligence profonde d'une langue difficile et d'une étonnante richesse, puis des études sérieuses sur toutes les branches de l'archéologie, cette science qui fait servir les monuments figurés à remplir les lacunes des monuments écrits. Les rapports de la Grèce avec l'Orient et l'Égypte ont été trop fréquents pour qu'il ne soit pas indispensable d'être préparé à plus d'une excursion dans ces contrées, où maint habile antiquaire ne s'aventure que timidement. Sans doute une forte éducation classique et d'immenses lectures, auxquelles on ne se résigne guère que lorsqu'on est doué de cette curiosité particulière aux érudits, peuvent mettre aux mains d'un littérateur les premiers matériaux, et, pour ainsi parler, les instruments indispensables à son œuvre ; ce ne sera rien encore tant qu'il n'aura pas compris, ou plutôt deviné par une sorte d'intuition la vie antique, si différente de notre vie moderne. A toutes les époques, des savants laborieux, des hommes de lettres instruits ont écrit sur la Grèce ; aujourd'hui, on ne trouve guère dans leurs ouvrages que les idées et les opinions de leur temps. Dans ces drames composés successivement sur le même sujet, les noms des personnages sont les mêmes, mais les costumes et, ce qui est plus fâcheux, les caractères et le langage se transforment continuellement et s'éloignent de plus en plus de la vérité. Il y a quelque vingt ans, Courier se moquait de Larcher, qui n'avait vu dans Hérodote que seigneurs, princesses et gens de qualité. Au moyen-âge, les trouvères racontaient aux barons de France les aventures du bon chevalier Hector le Troyen et les amoureuses entreprises formées pour les beaux yeux de madame Hélène. Aujourd'hui, aux Thermopyles, le pâtre qui vous guide vous montre le lieu où le klephte Léonidas trouva la mort en défendant le *Dervéni* contre un pacha.

Notre siècle a peut-être un avantage sur ceux qui l'ont précédé : les impurs constitutionnelles nous ont habitués aux débats politiques, et, à force d'entendre parler de nos constitutions modernes, nous comprenons mieux les gouvernements libres de l'antiquité. Nos chambres, nos élections, nous expliquent l'*agora* d'Athènes ou le sénat de Sparte, que les courtisans de l'œil-de-Boeuf avaient peine, je pense, à se représenter clairement. D'un autre côté, nous n'avons plus de ces grandes passions, ni même de ces modes tyranniques, comme on en avait autrefois, qui plient tout à un certain caprice et à de certaines conventions. Accoutumés au scepticisme, blasés, indifférents pour le présent, nous pouvons juger plus sainement du passé. En littérature, comme dans les arts, il n'y a plus d'écoles, ou, s'il en existe encore, on y professe l'éclectisme. Le meilleur temps pour traduire, pour comprendre ceux qui ont inventé, c'est peut-être le temps où l'on n'invente plus ; c'est le nôtre. En résumé, nos progrès, nos qualités, nos défauts même, favorisent aujourd'hui les études historiques. On peut en voir déjà les heureux effets. Le moyen-âge, lettre close pour nos aïeux, s'est éclairé d'une vive lumière, grâce aux savantes recherches de M. Guizot et de M. Augustin Thierry. L'histoire de la Grèce et celle de Rome se sont rajeunies en Allemagne par les doctes travaux de Niebuhr et d'Ottfried Müller. Malheureusement ces deux grands chefs d'école se sont montrés plus habiles à détruire l'œuvre de leurs prédécesseurs qu'à fonder un monument durable. Le premier a bien convaincu Tite-Live d'avoir écrit un joli roman sur les premiers siècles de Rome, mais il n'a pu persuader à tous ses lecteurs que les choses se passaient au Capitole comme dans la *Rathhaus* de Ditmarschen. Esprit plus juste et moins aventureux, O. Müller n'est arrivé en général qu'à des résultats négatifs, ou bien à des fables reconnues il n'a substitué que des hypothèses plus ingénieuses que solides. L'un et l'autre, avec les défauts de leur pays, s'abandonnent trop souvent à leur imagination et se passionnent quand il s'agit de raisonner. Admirables pour découvrir un filon dans la mine la plus obscure, ils en perdent quelquefois la trace par leur empressement à tout bouleverser pour l'atteindre. Pour ma part, j'ai foi dans le bon sens britannique, et je vois avec plaisir qu'un Anglais, c'est-à-dire un esprit pratique et positif, qu'un ancien membre du parlement comme M. Grote, entreprenne d'écrire l'histoire de la Grèce. C'est un bonheur qu'une vaste érudition (et personne ne contestera celle de M. Grote) se rencontre au service d'un homme d'affaires, longtemps spectateur, acteur même dans le grand drame de nos révolutions modernes. En effet, ce qui a toujours manqué aux érudits pour écrire l'histoire, c'est de connaître les affaires et les hommes. Ce n'est point dans le cabinet qu'on acquiert cette science, non moins indispensable pour juger le passé que pour se conduire dans le présent. L'ouvrage que nous allons analyser porte donc avec le nom de son auteur une recommandation particulière et toute nouvelle. Au reste, les deux premiers volumes, les seuls qu'ait encore publiés M. Grole, sont précisément ceux pour lesquels il a eu le moins besoin de son éducation politique. Ils ne forment, à proprement parler, qu'une introduction contenant l'exposé critique des légendes, plus ou moins incertaines, relatives aux premiers âges de la Grèce. Bien qu'un tel travail soit plutôt du ressort de l'érudit que de l'historien, il suffit cependant pour apprécier la méthode de l'auteur et le but qu'il s'est proposé.

Sur les événements antérieurs aux premières olympiades, nous ne savons que ce que les poètes et les mythographes nous ont transmis. C'est une suite de récits étranges, qui, pour le merveilleux, ne le cèdent en rien à nos contes de fées. Des dieux s'humanisant avec les jolies mortelles, tantôt battant, tantôt battus, mourant quelquefois ; des métamorphoses d'hommes en animaux, voire d'hommes en dieux, voilà le fonds ordinaire des mythes antiques. Au premier abord, on est tenté de laisser ces prodiges aux poètes et aux lecteurs des *Mille et une Nuits* ; mais, si l'on ne tient pas compte de ces fables, l'histoire de la Grèce n'aura

14

plus de commencement. En effet, la mythologie et l'histoire grecque s'enchaînent si étroitement que la seconde est incompréhensible à qui ne connaît pas la première. De même qu'il existe une transition insensible entre les trois règnes de la nature, les dieux, les héros et les hommes se suivent et se confondent dans les premiers âges. Chez les anciens, la guerre de Troie, et même le combat des géants contre les dieux, trouvaient autant de créance que le dévouement de Léonidas ou la bataille de Salamine. Dans la Grèce civilisée, dans la Grèce administrée par de sceptiques préteurs romains, à l'occasion de débats politiques entre deux peuples, on argumentait sur un ancien mythe comme on discute aujourd'hui les articles du traité d'Utrecht, et il n'y avait pas de ville si petite qui n'eût quelque famille en possession de privilèges honorables, qu'elle devait à une arrière-grand'mère séduite ou violée par un dieu. Hécatée disait et croyait qu'il était le descendant de Jupiter au dix-septième degré. A Rome, où l'on ne se piquait pas de poésie, César, esprit fort positif, discourant au forum, parlait de Vénus, son aïeule, aussi gravement que de son oncle Marius.

Ces légendes, que les anciens acceptaient aveuglément, contiennent-elles quelques éléments historiques ou philosophiques, et peut-on dégager ces éléments des ornements étrangers qui les enveloppent ? Sur la première question, il ne peut y avoir, je pense, diversité d'opinions qu'au sujet de la proportion plus ou moins grande de vérité mêlée à la fable. La rivalité de Thèbes et d'Orchomène, par exemple, et la guerre dans laquelle cette dernière ville perdit sa prépondérance politique en Béotie, ne sauraient être révoquées en doute, bien que le Gargantua grec, Hercule, y joue un rôle, et que l'événement soit raconté entre l'aventure des cinquante filles de Thestius et celle du lion de Némée.

Quant à la possibilité d'interpréter les mythes et surtout de mettre en lumière le fonds historique qu'ils renferment, pour en juger, il faut chercher d'abord à se rendre compte de la manière dont la mythologie s'est formée, c'est-à-dire étudier les éléments divers qui la constituent.

Partout les premiers enseignements donnés aux hommes ont pris la forme de récits poétiques. C'est, à ce qu'il paraît, celle que l'esprit humain saisit le plus facilement. La forme didactique n'appartient qu'à une civilisation déjà avancée et à des langues assez perfectionnées pour pouvoir exprimer des idées générales ou même des idées abstraites. Ainsi, pour des barbares grossiers, l'idée que nous attachons au mot *peuple*, en tant qu'une réunion d'hommes ayant un même langage, des mœurs et des institutions communes, est une idée pour laquelle ils n'ont souvent point de mots. Au lieu de tel *peuple*, ils diront telle *famille* ; plus souvent encore ils diront tel homme, tel héros, d'autant plus grand que le peuple sera plus nombreux. « Les légendes grecques, suivant la remarque de M. Grote, ne nous présentent que de grandes figures individuelles ; les races, les nations disparaissent derrière le prince ; les héros éponymes surtout sont non-seulement les souverains, mais les pères, les représentants de la horde à laquelle ils donnent leur nom. » De là vient que l'histoire du peuple se résume souvent tout entière dans la vie de son héros éponyme.

La difficulté d'exprimer des idées abstraites n'est pas moins grande, et les premiers hommes ont remédié à la pauvreté de leur langue par l'emploi de figures et d'allégories. Les Arcadiens avaient conservé le souvenir de l'invasion de leur pays par la mer et de la stérilité, qui ne cessa que grâce aux alluvions de leurs rivières. Voici comment leurs géologues racontaient la chose : « Cérès, ayant été violée par Neptune, « demeura longtemps irritée. Sa colère cessa quand elle se fut baignée « dans le fleuve Ladon. » Observons que les mythes ne contiennent guère que des idées très vulgaires et, pour ainsi dire, enfantines. La forme qu'ils emploient est enfantine aussi.

Cette forme étant la même pour toutes les notions qu'il s'agit de conserver, il s'ensuit qu'au même récit se rattachent des idées ou des événements qui n'ont nul rapport entre eux. Il semble que, le récit poétique étant un moyen de fixer la mémoire, on s'en soit servi, comme d'un registre, pour inscrire pêle-mêle tout ce qu'il importait de ne pas oublier. Les premiers livres de tous les peuples sont des espèces d'encyclopédies. On y trouve comme un résumé de toutes les connaissances existant à l'époque où ils furent écrits. Cette confusion est encore plus marquée dans les mythes de la Grèce, et il est rare que la même légende ne réunisse des notions d'astronomie, de physique, de religion, d'histoire, de métaphysique et de morale.

Prenons un exemple pour rendre plus sensible ce mélange hétérogène. Je choisirai le mythe d'Hercule comme un des plus connus. La plupart des antiquaires sont d'accord pour voir dans les douze travaux d'Hercule des allusions astronomiques. A un certain point de vue, le fils de Jupiter et d' Alcmène est identifié avec le soleil, et, pour parler le jargon de l'archéologie moderne, c'est un *héros solaire*. — Ce héros solaire devient le captif d'Omphale. Il s'habille en femme et file de la laine, tandis que sa maîtresse se revêt de la peau de lion et porte la massue. Nouvel aspect de la légende, où l'on peut chercher un sens cosmogonique et religieux. — Ailleurs Hercule est un symbole de la fécondité, un dieu bienfaiteur ; lorsque dans son combat avec Acheloüs il ravit au fleuve la corne d'abondance. — Destructeur des monstres, protecteur des opprimés, passant toute sa vie au milieu d'épreuves et de dangers continuels, Hercule sera encore le prototype du courage et de la vertu. Braver les périls et la souffrance par amour de la gloire, tel fut le choix d'hercule, disaient les philosophes de l'antiquité en le proposant pour modèle. — Maintenant n'est-il pas probable qu'à ces voyages d'Hercule, où nous avons vu tout à l'heure une allégorie du cours du soleil, se lient quelques souvenirs d'anciennes expéditions maritimes ? Dans le combat du héros contre Albion et Bergius en Ligurie, il n'est pas difficile de deviner une allusion aux anciens démêlés des marchands ou des pirates grecs et phéniciens avec les peuples de la Gaule. D'autres aventures tirées du même cycle portent encore plus décidément le caractère historique. Nous avons déjà parlé de la guerre des Thébains contre Orchomène : Hercule, dit la légende, ruina les Orchoméniens en obstruant les émissaires du lac Copaïs, les fameux *catabothra*, gigantesques travaux dont on reconnaît encore les vestiges. En présence de ces ruines prodigieuses, il est impossible de douter que les mythes ne contiennent une notable portion de réalité historique. Rattacher toutes les grandes traditions à un nom populaire est une pratique ancienne et qui ne s'est pas perdue de nos jours. Aujourd'hui le peuple attribue à César tous les travaux des Romains ; Charlemagne concentre sur lui seul toutes les traditions du moyen-âge.

Amalgame de notions différentes, la mythologie s'est encore embrouillée par les altérations et les additions répétées que le même récit, a dû subir en passant de bouche en bouche chez un peuple rempli d'imagination, beaucoup plus sensible à la forme de la narration qu'au sens qu'elle renfermait. En Grèce, les poètes prêtèrent des passions aux héros et aux dieux, comme les sculpteurs donnèrent des formes humaines aux monstrueuses idoles qu'ils avaient reçues de l'Asie. D'un autre côté, par suite de la grande analogie qu'ont entre eux les différents cultes de la nature, des superstitions étrangères, s'introduisant de bonne heure dans les religions helléniques, les modifièrent et y apportèrent de nouveaux épisodes qui vinrent s'encadrer çà et là dans le cycle des légendes nationales. C'est ainsi que nous avons vu l'aventure d'Omphale, empruntée au culte du Sandon de Lydie, prendre place dans le mythe d'Hercule. L'Asie et l'Égypte ont exercé la plus grande influence sur la mythologie grecque, et n'ont pas peu contribué à en augmenter le désordre.

Quelque incohérentes que fussent ces histoires héroïques ou divines, elles composèrent, pendant un espace de temps assez long, toute la masse de connaissances que possédassent les anciens. C'était, pour me servir de l'heureuse expression de M. Grote, tout leur fonds intellectuel (*their mental stock*). Dès une époque fort reculée, quelques esprits hardis, choqués de tant d'absurdités et de contradictions, essayèrent d'interpréter les mythes et d'y chercher un sens qui satisfît la raison. Plusieurs philosophes, faisant ressortir des vérités morales plus ou moins déguisées sous des allégories, voulurent rendre utiles les vieilles légendes, en les commentant à leur manière. D'autres y, cherchèrent de l'histoire et proposèrent un système d'explication qui, supprimant tous les miracles, changeait les récits les plus merveilleux en une espèce de chronique poétisée. Telle fut la méthode d'Évhémère, qui, pour cette tentative, encourut le reproche d'impiété et la colère des prêtres et des païens orthodoxes. Avec lui, plus de dieux, plus de héros, plus de prodiges. Jupiter était un roi de Crète ; les centaures, des gens qui montaient bien à cheval ; Pluton, un richard, qui, pour garder ses trésors, se servait d'un mâtin hargneux, nommé Cerbère, ayant *triple gueule*, comme le chien de La Fontaine. Ces systèmes eurent, comme il semble, assez peu de vogue en leur temps, ou tout au plus ne servirent qu'à donner des armes au scepticisme. Pour les masses, les mythes demeurèrent une chose sacrée qu'on ne devait pas approfondir. La doctrine : *point de raison*, n'appartient pas au père Canaye, elle est renouvelée des Grecs ; parmi eux, elle était favorisée prodigieusement par la beauté de la poésie fondée sur ces antiques traditions, et les merveilles des arts, les pompes religieuses, l'orgueil national, rappelaient à chaque instant les vieilles croyances et les rendaient chères à ceux mêmes qui voulaient en douter.

Chez les modernes, plus d'une tentative d'explication s'est reproduite : d'abord le système d'Évhémère ; c'est le plus commode, et je me souviens que notre professeur de grec, en nous faisant traduire la fable d'Orythie enlevée par Borée, nous avertissait que cette jolie histoire était fondée sur une anecdote vraie, mais qu'il s'agissait tout bonnement d'une jeune fille qui se promenait imprudemment sur un rocher à pic, lorsque le vent, s'engouffrant dans sa robe, la précipita. Cela est bon pour celui qui voulait écrire en madrigaux toute l'histoire romaine. — D'autres érudits ont pensé encore que les mythes cachaient un sens sublime, dont quelques adeptes avaient seuls la connaissance. La lettre des légendes formait, disent-ils, la religion du peuple : les honnêtes gens et surtout les initiés aux mystères possédaient le sens caché ; mais le secret a été bien gardé, comme il semble. — Enfin Dupuy, frappé de certaines formes sans cesse répétées dans la plupart des mythes, fit un gros livre pour prouver que la mythologie n'était que de l'astronomie poétique. A son compte, les Leverrier d'autrefois ne procédaient pas par des x, comme on fait au Bureau des Longitudes, mais consignaient leurs observations dans de petits contes pleins de grace. La meilleure réfutation de cette belle découverte a été le pamphlet d'un Belge, qui, par l'application de la méthode de Dupuy, démontra que Napoléon n'a pas existé, et que sa prétendue histoire n'est qu'une allégorie du cours du soleil.

Après une infinité de livres composés sur ce sujet, la question est demeurée à peu près aussi obscure qu'auparavant. M. Grote, qui en expose les éléments avec beaucoup de netteté et d'exactitude, n'arrive qu'à une conclusion négative. « Les mythes, dit-il, sont un produit particulier de l'imagination et des sentiments, sans relation avec l'histoire ou la philosophie. On ne saurait les décomposer pour y découvrir des faits historiques, ni les interpréter comme des allégories philosophiques. Certaines légendes, il est vrai, portent la présomption d'une tendance à l'allégorie (*an allegorising tendency*) ; d'autres, qu'on ne peut préciser, contiennent une portion de réalité amalgamée à la fiction ; mais cette réalité ne peut être reconnue à aucun indice intrinsèque, et on n'en peut supposer l'existence que lorsqu'elle est confirmée par un témoignage collatéral. Enfin, aux récits mythiques, on ne peut appliquer les règles de la probabilité historique, et, quant à leur date, il n'y a pas de chronologie qu'on y puisse adopter. » Ainsi, selon M. Grote, les mythes seraient à peu près des énigmes sans mots. Il reconnaît pourtant qu'on ne peut les passer sous silence, parce qu'ils forment une introduction obligée à l'histoire de la Grèce. Ils méritent d'être étudiés, parce qu'ils constituent la croyance des anciens, et qu'ils font connaître les mœurs et les idées des hommes qui ajoutaient foi à de pareils récits. Pour écrire une histoire de la Grèce, il faut rapporter les légendes des dieux et des héros, de même que pour écrire l'histoire des Arabes on doit analyser le Coran.

Peut-être le parti suivi par M. Grote est-il le plus sage. La tâche de l'historien n'est point celle de l'archéologue, et, pour en venir à l'expédition de Xercès et à la guerre du Péloponnèse, il n'est pas nécessaire de travailler à débrouiller la cosmogonie d'Hésiode. Cependant je ne puis être d'accord avec M. Grote sur l'opinion qu'il se forme des mythes. Quelque vive qu'il suppose l'imagination des Grecs, quelle que fût leur passion pour le merveilleux, je ne puis croire qu'ils aient inventé des contes uniquement pour le plaisir de conter. Son principal argument, qu'il emprunte à Platon, est celui-ci : « Après avoir interprété une fable par une méthode quelconque, il faut *nécessairement* employer la même méthode pour une autre fable. Or, cela sera impossible : donc la mythologie est inexplicable. » Le raisonnement serait juste si la mythologie avait été fabriquée de toutes pièces par un seul homme et dans un certain système ; mais l'auteur de *l'Histoire de la Grèce* ne me paraît pas s'être rendu compte de la manière dont s'est formée la masse des légendes antiques. Nous avons essayé tout à l'heure d'en donner une idée, et l'on a pu voir combien d'éléments avaient concouru à leur composition. Le nom seul que tout à l'heure M. Grote donnait à la mythologie, ce *fonds intellectuel* des

23

anciens, devait l'avertir qu'elle était l'œuvre de plusieurs mains et qu'elle renfermait les notions les plus variées. Un homme prend un livre dans une bibliothèque, il comprend les premières pages de ce livre et conclut avec raison qu'il comprendra le reste, si l'auteur a le sens commun ; mais peut-il inférer qu'il comprendra de même tous les livres de la bibliothèque ? Assurément non, car il ne sait pas d'avance si tous sont composés dans la même langue et traitent de sujets à sa portée. A mon sentiment, la mythologie est une bibliothèque, et pour en faire l'exploration il faut lire plus d'une sorte de caractères.

Puisque les mythes se composent d'éléments divers, on voit d'abord qu'il sera impossible de les expliquer tous par un système unique d'interprétation. Non-seulement le même système ne s'appliquera qu'à une certaine classe de légendes, mais quelquefois la même légende nécessitera l'emploi de plusieurs systèmes. Et cette variété n'a rien d'extraordinaire, car tout à l'heure on a pu voir, par l'exemple d'Hercule, que le personnage principal d'un mythe doit être considéré sous plusieurs aspects différents. La forme légendaire servant à exprimer des notions de toutes sortes, il arrive nécessairement que deux ou plusieurs ordres d'idées distinctes sont confondus dans le même récit. Pour étudier la mythologie, il faut avant tout, je pense, s'appliquer à connaître sa langue ; j'appelle ainsi les figures ou les métaphores par lesquelles les hommes, dans un certain état de civilisation, traduisent ordinairement leurs idées. Cette langue, très pauvre assurément, est, suivant toute apparence, naturelle aux hommes encore grossiers et incultes, car on la trouve en usage dans des pays fort éloignés les uns des autres, et elle sert d'organe à des religions fondées sur des croyances très variées. C'est ainsi qu'on ne peut lire les cosmogonies antiques sans être frappé des rapports qu'offrent entre eux les différents récits sur l'origine des choses, je ne dis pas quant à la substance de ces récits seulement, mais surtout quant à la manière de représenter les mêmes idées par les mêmes figures. Toutes ces religions de l'antiquité, qu'on appelle cultes de la Nature, font usage des mêmes métaphores, des mêmes allégories. Tantôt elles considèrent la Nature dans son ensemble, tantôt dans ses propriétés particulières, mais toujours elles la représentent par une suite de personnifications procédant les unes des autres, d'abord vagues, puis plus précises, et ayant une tendance de plus en plus forte à se rapprocher de l'humanité. Ces personnifications des forces naturelles deviennent bientôt des *personnages* avec leur apparence de réalité. Les mythographes leur donnent des rôles et des caractères, comme nos romanciers en prêtent aux héros de leur imagination. Partout les premiers hommes, fuyant les idées abstraites, s'efforcèrent d'y substituer des images à la portée de leur intelligence. Plus d'une fois on peut observer l'influence que le génie particulier des langues exerce sur l'idée qu'on attribue à ces personnifications naturelles, et le caractère d'une divinité dépend souvent du genre que son nom a dans la langue du peuple qui lui rend un culte. Là où le nom du soleil est féminin, comme dans les langues germaniques, et je crois aussi dans plusieurs idiomes de l'Asie, la personnification divine du soleil ou la *divinité solaire* aura quelque chose de féminin dans son caractère, et tous les récits où elle figurera auront quelque trait en rapport avec son sexe. Pour moi, je ne doute pas que le caractère de la Cérès grecque, si empreint d'amour maternel, ne tienne en grande partie à l'idée de maternité qu'éveille le nom de *Demeter*. Le génie particulier d'un peuple, ses mœurs, ses habitudes, le climat sous lequel il vit, contribuent encore à modifier ses légendes et à dicter le choix de ses allégories. L'action des forces naturelles, leur combinaison pour produire l'ordre du monde, le mystérieux *Cosmos*, s'expriment tantôt par des combats et des meurtres, tantôt par des mariages et des amours divins. N'est-il pas évident que, dans l'un et l'autre cas, les mythographes ont employé les figures les plus familières au génie de leur nation ? Mars était le grand dieu des Thraces farouches, Vénus la déesse des Cypriotes voluptueux. En résumé, quelles idées faut-il chercher dans ces légendes de dieux et de héros ? — Toutes les idées que rappelaient aux anciens ces mots de *dieux* et de *héros* : tantôt la Nature dans la confusion de ses éléments, tantôt quelques-unes de ses propriétés, quelques-uns de ses phénomènes, ou l'action bienfaisante ou destructive qu'ils exercent. Quelquefois un dieu représentera l'inventeur des arts ou plutôt les arts eux-mêmes ; il sera le législateur d'un peuple, souvent il sera ce peuple lui-même.

En voilà bien assez, et trop peut-être, sur un sujet qu'il est difficile de traiter sans d'immenses développements ; je m'arrête pour revenir à l'*Histoire de la Grèce*. De quelque manière qu'on les envisage, les aventures des héros et même celles des dieux offrent toutes un fonds de vérité que ne pouvait méconnaître l'esprit observateur de M. Grote. Cette vérité, on la trouve dans le tableau de mœurs transmis par ces légendes, et l'on ne peut douter qu'elles ne nous donnent des renseignements exacts sur la société dans laquelle elles s'accréditèrent. Soit qu'on les considère comme des allégories ayant un sens caché, soit qu'on n'y veuille voir que des contes faits à plaisir, restera toujours la forme même du récit empruntée à la nature. Romanciers, poètes et mythographes ne peuvent prendre autre part leurs ornements et leurs couleurs. M. Grote a noté avec beaucoup de soin et de sagacité les traits principaux de la civilisation héroïque, et, pour en faire ressortir davantage les singularités, il la compare souvent à la civilisation grecque des temps historiques. Il montre qu'une grande révolution s'est opérée dans l'intervalle de temps inconnu qui sépare les deux époques. Dans la première, le pouvoir des chefs est immense ; quelquefois, il est vrai, ils prennent l'avis des anciens de leur tribu, mais leurs décisions sont toujours sans appel. Aux monarchies barbares succéda l'autorité de *l'agora* ou assemblée du peuple. Plus de rois dans la Grèce historique, leur nom même est voué à l'exécration, et l'assassinat de quiconque aspire à la royauté est proposé à la jeunesse comme l'action la plus noble et la plus méritoire. Ce n'est qu'à Sparte que les rois se sont conservés, mais de leur ancien pouvoir ils n'ont retenu que le privilège de commander les armées, et ils l'exercent sous la jalouse surveillance d'une puissante aristocratie. Chez les mythographes, les rois jouent parmi les mortels le rôle de Jupiter dans l'Olympe, ou plutôt leur Olympe est l'image d'une ancienne cité hellénique. Ils donnent à ces pasteurs d'hommes toutes les qualités qui conviennent à un âge grossier, beauté, force physique, valeur ; ils n'oublient pas l'éloquence. Le roi doit commander dans les assemblées par la puissance de sa parole, autant que dans les combats par la terreur de son bras. L'éloquence forme ainsi la transition entre l'âge des héros et les temps historiques. Elle était destinée à remplacer la force brutale et à devenir chez les Grecs le fondement de toute autorité.

Si le pouvoir des chefs paraît absolu dans les temps héroïques, la religion n'a pas encore réuni tous les individus composant une nation dans un culte général. Le sentiment d'obligation envers les dieux ne se manifeste guère que par des actes individuels, des vœux et des sacrifices, espèce de contrat entre l'homme et la divinité au moment du péril. Cependant un sentiment de respect pour les dieux se mêle déjà dans les engagements des mortels entre eux. Le lien qui unit un Grec à son père, à son parent, à son hôte, à quiconque lui donne ou en reçoit un serment, ce lien, dis-je, est considéré comme en rapport avec l'idée de Jupiter qui en est le témoin et le garant ; association remarquable attestée par quelque surnom caractéristique du dieu. Voilà, suivant l'observation fort juste de M. Grote, en quoi consistaient toutes les idées de morale d'un héros des anciens âges. La loi n'était pas séparée de la religion ni des relations particulières ; le mot même de loi, avec l'idée qu'on y attacha plus tard, est inconnu aux poètes du cycle épique. Alors en effet la société n'accordait aucune protection à l'individu hors d'état de se faire respecter par ses propres forces.

L'amour de la patrie, si puissant dans les républiques grecques à l'époque de leurs démêlés avec les Perses, semble n'avoir été d'abord qu'un attachement vague au sol, une disposition à la nostalgie, et les relations de famille constituent le lien principal entre les individus. Dans la suite, le patriotisme et les sentiments d'orgueil exclusif qui en sont la conséquence affaiblirent probablement ces affections du foyer domestique. Dans la Grèce libre du Ve siècle avant notre ère, on voit les femmes traitées en esclaves par leurs maris. L'amour des âmes est presque inconnu, ou bien ce ne sont pas les femmes qui l'inspirent. Au contraire, dans les temps héroïques, elles exercent une influence considérable, et dans toutes les légendes leur rôle est important. La femme est-elle condamnée à perdre son empire dans les gouvernements libres ?

Nous ne suivrons pas M. Grote dans son long examen des mœurs héroïques, un des morceaux les plus intéressants de son travail, mais qui nous éloignerait du plan que nous nous sommes tracé. J'aime mieux passer à un autre chapitre : c'est une dissertation curieuse sur les poèmes d'Homère, source principale de nos connaissances sur les premiers âges de la société grecque. Un témoignage de cette importance méritait d'être discuté dans le plus grand détail, et l'auteur, en traitant la question si souvent débattue de l'origine des poèmes attribués à Homère, a montré la critique la plus judicieuse, et même a émis quelques idées nouvelles dont je vais essayer de rendre compte.

On n'a jamais pu fixer, je ne dirai pas avec certitude, mais avec quelque précision, la date de l'Iliade et de l'Odyssée, admirables débris d'un grand cycle épique qui a disparu. D'après Hérodote, la plupart des critiques modernes s'accordent à poser les limites de nos incertitudes entre les années 850 et 776 avant notre ère. On sait que les deux épopées ne furent point écrites d'abord, mais que pendant assez longtemps elles furent apprises par cour et récitées par une classe d'hommes nommés rapsodes : c'étaient les trouvères des Grecs. Il est probable qu'elles ne furent consignées par écrit qu'environ deux siècles après leur composition. Dans un intervalle de temps si considérable, et avec un mode de transmission si défectueux, on est en droit de supposer que bien des changements se sont introduits dans ces deux poèmes.

Wolf le premier attaqua l'unité de composition de l'Iliade et de l'Odyssée. Il prétendit qu'elles étaient l'œuvre de plusieurs rapsodes, dont les chants, d'abord composés isolément, avaient été dans la suite rassemblés et liés tant bien que mal les uns aux autres ; en un mot, il soutint que ces épopées ne sont que des compilations analogues à la collection des romances du Cid, aux sagas d'Islande, ou aux ballades de la frontière écossaise. Lachmann, continuant la thèse de Wolf, a proposé une nouvelle division de l'Iliade en seize chants, œuvres de différents auteurs, ou plutôt il ne reconnaît dans le poème que seize morceaux originaux composés à peu près à la même époque, sur autant de sujets distincts. Ces ballades ou ces récits poétiques auraient été cousus les uns aux autres par les académiciens de Pisistrate, ou tous autres premiers éditeurs, quels qu'ils puissent être.

N'est-il pas étrange que des érudits du premier ordre trouvent *de vives raisons* comme le docteur Pancrace, bien plus, de bonnes raisons, pour ne voir qu'une compilation hétérogène là où toute l'antiquité et tant de modernes ont reconnu un chef-d'œuvre de composition ? Ainsi Virgile, le Tasse et tant d'autres qu'on n'ose citer après eux, auraient trouvé le plan de leurs poèmes dans quelque chose qui n'a pas de plan ! Après tout, cela n'est pas plus extraordinaire que la poétique qu'on a prétendu tirer des tragiques grecs.

Voici fort en abrégé les arguments présentés par Wolf et son école les uns ne sont appréciables que par les érudits, ou plutôt par certains érudits qui, je crois, savent le grec mieux que Thucydide, et qui décident que telle partie de l'Iliade est, par le style, indigne du reste, et ne peut être que l'œuvre d'un rapsode obscur. Je m'incline humblement devant ces arrêts, et, faute de les pouvoir comprendre, je ne m'en occuperai pas. J'exposerai d'autres arguments à ma portée, c'est-à-dire à la portée de tous les lecteurs. — Il est impossible de ne pas reconnaître dans l'Iliade des contradictions nombreuses et choquantes. Tantôt c'est

31

un héros tué dans les premiers chants, qui reparaît plein de santé dans les derniers ; tantôt ce sont des événements qui occupent une place importante au commencement du récit, et dont on ne tient plus compte dans la suite. Par exemple, l'ambassade envoyée par Agamemnon à Achille pour lui offrir de lui rendre Briséis, racontée fort longuement dans le neuvième chant, est complètement oubliée dès le onzième, et plusieurs passages prouvent que l'auteur ou les auteurs des chants qui suivent n'ont pas connu cet épisode. Ces contradictions sont trop fortes et trop nombreuses pour qu'on puisse les expliquer par des distractions ou des interpolations légères. En outre, c'est en vain qu'on cherche un lien continu dans le poème, et rien n'y justifie le dessein annoncé à son début. Qu'ont de commun avec la colère d'Achille les combats devant le rempart des Grecs, les prouesses de Diomède, la mort de Dolon, l'entrevue d'Hector et d'Andromaque, le duel de Pâris et de Ménélas, etc. ? Continuons à citer : au premier chant, Jupiter promet à Thétis de punir tous les Grecs de l'outrage qu'Achille a reçu d'Agamemnon. A cet effet, Jupiter convoque l'assemblée des dieux : c'est au second chant du poème ; il décide du *Oneiros*, ou le Songe, sera détaché auprès d'Agamemnon pour le tromper et l'obliger à quelque sottise. Or, Agamemnon ne se laisse pas tromper, et le projet du *maître des dieux et des hommes* est une machine fort inutile, ou plutôt, disent les disciples de Wolf, l'œuvre d'un premier rapsode est demeurée interrompue, et ses confrères ne s'en sont point mis en peine. Plus loin, dans le quatrième chant, Jupiter, oubliant tout-à-fait Thétis et le serment qu'il a fait, ouvre dans l'Olympe une nouvelle délibération sur la question de savoir si la paix se fera entre les Grecs et les Troyens ou si la guerre doit continuer. Nouvelle preuve que le quatrième chant ne peut avoir été composé par l'auteur du premier…

Homère n'a pas plus manqué d'avocats que Wolf d'auxiliaires. La question a été et est encore chaudement controversée en Allemagne. Tous les érudits conviennent qu'il existe de nombreuses interpolations dans les poèmes homériques ; mais des savants tels que Nietzsche, O. Müller, Welcker, soutiennent l'unité de composition. A leur sens, l'Iliade serait un poème primitivement composé par un seul auteur, mais altéré par des suppressions, et surtout par des additions. Entre ces différentes opinions, M. Grote a pris un parti moyen qui me semble fort sage. Je regrette de ne pouvoir reproduire ici toute son argumentation, qui est à mon avis un modèle de clarté et de méthode. Lachmann ayant tranché la question, avec une assurance toute germanique, en établissant qu'une épopée ne pouvait être inventée au VIIIe ou au VIIe siècle avant notre ère, c'est à réfuter cette décision que M. Grote s'attache d'abord. Il commence par établir que l'épopée est au contraire une des formes les plus anciennes de la poésie, et qu'à l'époque d'Homère on faisait autre chose que des ballades. Ce fait, il le met hors de doute, en prouvant qu'aucune des objections élevées contre l'unité de composition de l'Iliade n'est applicable à l'odyssée ;

que ce dernier poème parfaitement suivi ne peut être, sauf toujours quelques interpolations, que l'ouvrage d'un seul auteur. L'examen de l'Odyssée avait été fort négligé jusqu'à présent, et la discussion a presque uniquement roulé sur l'Iliade. Or, entre le premier et le second de ces poèmes, il est impossible de supposer un intervalle de temps considérable, et, s'ils ne sont pas dus au même homme, il faut convenir qu'ils appartiennent à une même école poétique, qu'ils supposent les mêmes mœurs et un état de la société absolument semblable. Ainsi tombe la première assertion qui déciderait *à priori* l'impossibilité d'une Iliade.

Restent les graves contradictions que je viens d'indiquer. M. Grote les explique par la fusion de deux épopées originairement distinctes, puis réunies dans la suite. L'une avait eu pour sujet la colère d'Achille, l'autre le siège de Troie. Si l'on relit l'Iliade avec cette donnée-là, les contradictions et l'incohérence de certaines parties s'expliqueront fort naturellement. L'Iliade, dit M. Grote, peut se comparer à un édifice bâti d'abord sur un plan resserré, qui s'est agrandi par des additions successives. Le plan primitif ne comprenait qu'une Achilléide, et à ce plan se rapportent le premier chant, le huitième, puis douze autres de suite, depuis le onzième jusqu'au vingt-deuxième inclusivement. On peut y réunir encore les deux derniers chants, qui toutefois ressemblent un peu à des hors-d'œuvre ajoutés après coup. Voilà pour *l'Achilléide*. Les six chants, depuis le second jusqu'au huitième, puis le dixième, constituent les fragments d'une autre épopée, sur la guerre de Troie, d'une *Iliade* à proprement parler, et ces fragments auraient été fondus dans l'Achilléide par une édition postérieure, si l'on peut s'exprimer ainsi. Quant au neuvième chant, qui raconte la tentative infructueuse des Grecs pour ramener Achille aux combats, ce serait dans l'opinion de M. Grote une addition postérieure, fabriquée peut-être pour relier les deux poèmes l'un à l'autre, invention d'autant plus malheureuse, qu'elle ne sert, comme on l'a vu, qu'à manifester plus évidemment leur manque de liaison. Tout le monde peut apprécier maintenant l'hypothèse de M. Grote. Elle me semble la plus ingénieuse comme la plus satisfaisante qui ait été encore proposée.

Les différentes questions dont je viens de rendre compte occupent la plus grande partie des deux premiers volumes ; aux derniers chapitres du second volume seulement commence l'histoire de la Grèce proprement dite, histoire encore fort obscure et empreinte des couleurs poétiques de la légende ; on voit déjà percer cependant à travers bien des nuages un fonds de réalité qu'il appartient à la critique de mettre en évidence. Cette seconde partie contient d'abord une description géographique de la Grèce et l'examen des différentes races qui se partagèrent autrefois son territoire. Vient ensuite l'exposé de la grande révolution qui changea la position des peuples et qui donna lieu à l'établissement de nouvelles institutions sur toute la surface du pays. Le Péloponnèse, occupé, au temps d'Homère, par la race achéenne, est envahi par les Doriens et les Étoliens, qui se fixent à demeure dans la plupart de ses provinces.

Selon les auteurs qui rapportent cette expédition, les Doriens partent de l'Histiéotide, petite contrée entre le Pinde et l'Olympe, qui d'ailleurs ne paraît pas avoir été leur patrie primitive. De là ils passent en Étolie et s'avancent jusqu'au golfe de Crissa. Après s'être alliés avec des tribus étoliennes, ils traversent le golfe à Naupacte, abandonnent l'Élide à leurs alliés, et remontent la vallée de l'Alphée jusqu'au point où la source de ce fleuve est voisine de celle de l'Eurotas. Alors, s'engageant dans cette dernière vallée, ils descendent dans le territoire de Sparte, puis se répandent dans la Messénie et l' Argolide.

Telle est cette immigration célèbre, nommée par les anciens le retour des Héraclides, car ils supposent que les rois ou les chefs légitimes du Péloponnèse furent ramenés par les Doriens, leurs auxiliaires. La marche des conquérants que je viens d'indiquer a été admise, avec quelques restrictions, par O. Müller dans son livre des *Doriens*. M. Grote, avec beaucoup de vraisemblance, combat ce que cette opinion a de trop absolu. D'abord il fait remarquer que l'invasion des Héraclides, telle que la rapportent la plupart des écrivains grecs, porte dans ses détails ce caractère légendaire qui ne tient compte ni des difficultés, ni du temps, et qui, pour expliquer un fait accompli, donne aux événements une connexité et une rapidité qu'ils n'ont pu avoir en effet. Il paraît sans doute probable que les Doriens pénétrèrent par l'Elide et l'Arcadie dans la vallée de l'Eurotas, car c'est la route naturelle de toute expédition militaire contre la Laconie, mais il est bien difficile de croire que les conquérants d'Argos et de Corinthe aient suivi le même chemin. Dans l'opinion de M. Grote, la relation vulgaire de l'immigration dorienne serait due à l'influence politique exercée par les Lacédémoniens dans le Péloponnèse. Il est naturel en effet que l'orgueil national de ce peuple ait fait de la conquête de son territoire le but principal de l'expédition des Héraclides. L'explication est ingénieuse et plausible ; l'auteur la confirme en montrant que la prépondérance de Sparte ne fut pas immédiate, et qu'avant de donner l'essor à ses conquêtes, elle demeura quelque temps dans une position d'infériorité par rapport à l'Argolide. En rattachant l'occupation d'Argos à la conquête précédente de Sparte, les Spartiates auraient prétendu constater l'ancienne et primitive suprématie de leur patrie.

M. Grote suppose que les conquérants d'Argos et de Corinthe sont venus par mer, et, à son avis, leur invasion est absolument distincte de l'occupation de la Messénie et de la Laconie. Les Doriens établis dans le nord-est du Péloponnèse lui paraissent être arrivés par les golfes Argolique et Saronique, et avoir envahi le pays, non point par le sud ou l'ouest, comme le principal corps des Héraclides. Pour éclaircir cette question, l'examen d'une bonne carte et la connaissance du pays fournissent des renseignements beaucoup plus sûrs que les vagues traditions de l'antiquité. Il faut encore remarquer que deux anciennes villes, ou plutôt deux forteresses élevées évidemment pour tenir en bride Argos et Corinthe, le *Temenion* et le *Soligeios*, ne peuvent avoir été bâties que par des agresseurs venant de la mer et débarqués sur la côte orientale du Péloponnèse. De l'existence de ces forteresses et de la tradition constante qui les attribue aux premiers conquérants doriens, on peut conclure que la conquête du Péloponnèse n'a point été rapide, et qu'elle a eu lieu non par l'effort momentané d'une seule horde, mais par une suite d'attaques successives opérées sur plusieurs points. Il m'a paru que, dans la discussion de ces événements, la vraisemblance est toujours du côté de M. Grote.

Les dernières pages du second volume sont consacrées au récit des premières conquêtes des Spartiates dans la Messénie et dans l'Argolide et à l'analyse des institutions extraordinaires attribuées à Lycurgue. O. Müller, partant de cette idée que la conquête de Sparte fut le but principal de l'immigration dorienne, a vu dans la constitution de Lycurgue l'expression la plus complète de ce qu'il appelle le *Dorismus*, c'est-à-dire des mœurs et du caractère dorien. Malgré tout le talent déployé par l'érudit Allemand pour soutenir cette opinion, elle est réfutée de la manière la plus complète par M. Grote. En effet, à quelle époque les lois de Lycurgue ont-elles été établies ? Sur ce point, l'histoire est muette, et les légendes n'offrent que les plus grandes incertitudes. Que si l'on cherche des renseignements dans l'étude même de ces institutions, il est impossible, en les examinant avec soin, de ne pas reconnaître qu'un travail lent et successif les a produites. Ici encore le procédé ordinaire de la légende a obscurci l'histoire, et le législateur Lycurgue lui-même a tout l'air d'une de ces personnifications héroïques qui résument sur une seule tête l'œuvre de plusieurs générations. Loin d'être l'expression de l'esprit dorien, les institutions de Sparte ne sont qu'une exception, aussi bien parmi la horde dorienne que parmi les autres Grecs. Le seul point de ressemblance qu'on puisse alléguer entre les Spartiates et le reste des Doriens, c'est la *syssitie* ou les repas en commun qu'on trouve établis en Crète aussi bien qu'à Lacédémone ; mais d'abord on ne peut dire si, en Crète, cet usage était particulier aux Doriens, ou bien s'il était répandu parmi les autres habitants de l'île. En outre, la *syssitie* crétoise n'avait de commun avec celle de Sparte que la forme et non l'esprit de l'institution.

M. Grote analyse avec beaucoup de soin la constitution de Lycurgue, et cependant il fait justice de plus d'une fausse opinion accréditée telle est, par exemple, celle qui attribue à Lycurgue un partage égal du territoire et qui fait de la loi agraire le fondement de sa législation. Un préjugé semblable a existé au sujet des lois agraires chez les Romains. Vers le déclin de Sparte, il se fit contre le despotisme de l'oligarchie une réaction qui, cherchant des armes partout, feignit de trouver dans les vieilles Rhètres de Lycurgue une tendance démocratique qu'elles n'avaient jamais eue. Un même motif a fait attribuer à Licinius et aux Gracques le projet d'un partage intégral de tous les patrimoines, opération insensée et impossible à laquelle ils ne pensèrent jamais.

Le caractère principal de la constitution de Lycurgue paraît à M. Grote une organisation militaire fort remarquable, que les Spartiates possédèrent dès une époque très reculée. Non-seulement ils s'exerçaient aux armes et à tous les exercices gymnastiques avec plus de soin que les autres Grecs, mais encore ils eurent de bonne heure des chefs permanents, une tactique régulière, des manœuvres d'ensemble. Sous ce rapport, Sparte peut être comparée à ces colonies de soldats établies dans différentes parties de l'empire russe. Ces habitudes de discipline régimentaire favorisèrent à Lacédémone la centralisation du pouvoir. La ville était un camp, et dans un camp il faut que l'autorité se concentre et que l'obéissance soit passive. A leur forte organisation militaire, les Lacédémoniens durent leurs succès et la prépondérance qu'ils obtinrent de bonne heure dans le Péloponnèse et dans toute la Grèce. Sur un champ de bataille, ils avaient la supériorité que des troupes régulières ont sur des milices urbaines. Ajoutez à cet avantage celui d'une position géographique qui les mettait presque à l'abri d'une invasion hostile, et qui leur permettait de porter inopinément leurs forces contre leurs voisins.

Je viens d'analyser les deux volumes de M. Grote, et, ne pouvant le suivre dans la discussion approfondie des nombreuses questions qu'il examine, je me suis borné à présenter les plus importantes de ses conclusions. Il me reste à dire quelques mots sur l'ensemble de son travail, M. Grote appartient à l'école de Gibbon ; il en a la méthode, la prudence, le scepticisme, et je dirai encore l'ordre, qualité rare chez un Anglais, et que Gibbon dut peut-être à l'étude de nos bons auteurs. Comme lui, M. Grote ne se borne pas à présenter les faits et les arguments avec exactitude et netteté ; il sait les placer dans leur meilleur jour et les grouper heureusement, de manière à éviter à son lecteur le cruel travail de synthèse nécessaire avec nombre de bons écrivains anglais et allemands. Notre paresse française lui saura gré de cette heureuse qualité. Son style est simple et rapide. Je vois dans une *revue* anglaise qu'on lui reproche quelques néologismes et surtout l'emploi d'un assez grand nombre de mots forgés, intelligibles seulement aux érudits. Il faut dire pour sa justification que la plupart de ces mots, tirés du grec, sont à peu près inévitables dans une histoire de la Grèce, à moins de longues périphrases, probablement beaucoup plus choquantes pour des lecteurs délicats.

Chapitre II

La constitution de Solon

M. Grote poursuit avec une louable activité la tâche immense qu'il a entreprise. Les deux volumes dont j'ai à rendre compte aujourd'hui ont paru à la fin de l'année dernière. On annonce la publication prochaine des tomes V et VI, et l'ouvrage ne sera pas encore terminé. Le nombre des volumes n'étonnera personne dans un temps où les romans prennent des dimensions réservées autrefois aux encyclopédies ; mais il y a volumes et volumes. Ceux de M. Grote supposent tant de recherches, tant de longues et doctes méditations, qu'il est facile de voir, dans l'*Histoire de la Grèce*, le travail de toute une vie studieuse.

Autant l'âge héroïque de la Grèce est riche en récits merveilleux, autant le premier âge de son histoire est dépourvu de documents précis. Nous connaissons Achille et Ulysse comme s'ils avaient vécu parmi nous ; à peine savons-nous quelque chose des hommes qui vécurent pendant les premières olympiades. Cette époque si obscure et si difficile à connaître est cependant une époque de prodigieuse activité et d'efforts gigantesques. Dans toutes ces petites cités helléniques si jeunes encore, la plupart en proie à une anarchie continuelle, se manifeste à la fois un mouvement d'entreprise et d'aventure qui atteste l'énergie d'une race vraiment privilégiée. Doriens, Ioniens, Éoliens, lancent de tous côtés leurs agiles vaisseaux et couvrent de florissantes colonies les rivages de la Méditerranée. On se demande comment une population médiocre a pu produire tant d'essaims, par quels moyens ces hardis navigateurs ont semé des villes puissantes sur des rivages déserts, ou, ce qui nous semble encore plus difficile, à nous autres conquérants de l'Algérie, au milieu de peuples féroces et belliqueux ? Quand on se rappelle les travaux de Cortez pour s'établir au Mexique en face d'une civilisation si inférieure à la sienne, la colonisation grecque paraît encore plus admirable. Cortez avait quelques canons, des arquebuses et des chevaux ; les navigateurs grecs n'apportaient avec eux que des armes de bronze, car je ne pense pas qu'un seul de ces héros possédât un glaive qui valût le briquet de nos grenadiers. Les Thraces, les Gaulois, les peuples de l'Asie mineure, les Ibères, les Italiotes, ne le cédaient pas en bravoure à ces aventuriers qui venaient bâtir des villes sur leurs terres. Comment donc les laissaient-ils si facilement se fortifier au milieu d'eux, accaparer les champs les plus fertiles, choisir les meilleurs ports ? Le succès des colonies grecques ne peut être attribué uniquement au courage, à l'esprit de conduite, à la discipline caractéristiques chez les premiers immigrants. Les Grecs portaient partout avec eux une civilisation bienfaisante. Leur patriotisme ardent n'était pas exclusif comme celui des Romains. Leur religion ne blessait pas les susceptibilités des barbares ; ils avaient un Olympe assez vaste pour y loger tous les dieux qu'ils découvraient dans leurs voyages, ou plutôt, dans tous les dieux étrangers, ils reconnaissaient les divinités de leur pays, et croyaient qu'elles leur montraient le chemin de nouvelles conquêtes. Il y a dans l'esprit grec quelque chose d'expansif qui agit sur tout ce qu'il approche. C'est la séduction d'une nature supérieure à laquelle on ne peut échapper. Conquérant, le Grec a quelque chose de l'apôtre ; vaincu, il convertit encore son heureux adversaire, et bientôt en fait un disciple et un admirateur. La nature élevée du génie hellénique est surtout remarquable lorsque l'on compare les colonies grecques avec celles des Phéniciens, leurs aînés dans la science de la navigation et du commerce. Chez les uns et les autres, même audace, même ardeur, même activité ; mais la soif du gain est le seul mobile des travaux qu'entreprend le Phénicien. Le Grec n'est point indifférent au profit, mais l'amour de la renommée l'emporte chez lui sur l'appât de l'or. Partout où le Phénicien s'établit, il s'isole : le Grec appelle tous les étrangers à jouir du fruit de ses travaux. Une tradition, dont je ne veux point discuter l'authenticité, rapporte que les marins carthaginois qui s'aventuraient au-delà des colonnes d'Hercule avaient un secret pour se guider dans les parages brumeux où ils allaient chercher l'étain, si estimé autrefois. Ce secret, c'était, dit-on, la boussole. Un vaisseau romain s'avisa de naviguer à la suite d'un bâtiment carthaginois partant pour les îles Cassitérides. Après de vains efforts pour le gagner de vitesse, le Carthaginois alla bravement donner de propos délibéré contre un écueil, se perdant pour perdre un rival. Si les Grecs eussent connu la boussole, comme quelques savants prétendent que les Phéniciens la connaissaient, ils l'auraient aussitôt portée dans le monde entier.

Pendant cette première période de l'histoire de la Grèce, il semble que la colonisation fût l'idée dominante et la préoccupation de tous les esprits. Un Argien rêve qu'Hercule lui commande de bâtir une ville en Italie, et il va fonder Crotone. Un Corinthien encourt la malédiction d'un mourant, espèce d'excommunication fort redoutée autrefois ; il s'enfuit en Sicile et fonde Syracuse. Des esclaves locriens se sauvent de chez leurs maîtres, emmenant quelques femmes de bonne maison ; ils abordent en Italie et bâtissent une nouvelle Locres, Quelquefois deux frères, héritiers d'un petit despote, trouvent leur patrimoine trop chétif pour être partagé, ils le tirent au sort, et le perdant monte sur un vaisseau et va fonder au loin une petite tyrannie. Le cas le plus ordinaire, c'est une sédition qui trouble la tranquillité dans une ville hellénique. Aussitôt on décide que la minorité émigrera. Elle part sans se faire prier, sans s'être battue pendant quatre jours, sans être accompagnée de gendarmes, Il faut remarquer à l'honneur des Grecs que leurs dissensions civiles sont rarement sanglantes, et M. Grote a observé avec beaucoup de justesse que la plupart de leurs institutions avaient pour but de résoudre par la discussion les questions politiques, qui, ailleurs, se décidaient par la violence. Nous reviendrons tout à l'heure sur ce sujet, mais ne quittons pas celui de la colonisation sans remarquer combien, chez les anciens, et particulièrement chez les Grecs, on s'est préoccupé de chercher un remède à l'accroissement excessif de la population. De bonne heure la religion, les lois, les mœurs facilitèrent l'émigration ; souvent elles la prescrivirent impérieusement. Cette prévoyance, dont nos sociétés modernes sont malheureusement assez dépourvues, était peut-être commandée aux Grecs par un danger beaucoup plus évident pour eux que pour d'autres peuples. Habitants d'une terre aride, divisés en une foule de petites républiques rivales, ils avaient sans cesse à craindre que la terre ne pût nourrir le laboureur, ou qu'en se livrant d'une manière désordonnée à l'industrie, leurs citoyens ne perdissent rapidement leur énergie et leur vertu guerrière ; garanties capitales de leur indépendance. En un mot, assurer à une population médiocre toutes les conditions de bien-être paraît avoir été le but de tous les législateurs grecs. Avaient-ils tort ?

Le premier motif de ce grand mouvement de colonisation que M. Grote suit dans tous ses détails fut donc, suivant toute apparence, le besoin de se débarrasser d'une population qui croissait d'une manière alarmante. Nulle entrave n'était imposée aux émigrants. En quittant leur patrie, ils en acquéraient une autre ; ils devenaient indépendants, et pouvaient se donner telles lois que bon leur semblait. Seulement ils devaient absolument renoncer à toute idée de retour, même après une tentative malheureuse pour s'établir. Lorsque les Théréens partirent pour fonder Cyrène, effrayés d'un voyage beaucoup plus dangereux alors que ne serait aujourd'hui un voyage autour du monde, ils revinrent dans leur île natale. On les contraignit aussitôt de se rembarquer. Entre les colonies et la métropole, il n'y avait que des liens moraux. Dans les fêtes publiques, on réservait une place honorable aux citoyens de la mère-patrie. On lui demandait parfois des arbitres pour résoudre des procès ou des débats politiques, et d'ordinaire, lorsque la colonie voulait en fonder une à son tour, elle cherchait dans sa métropole un chef pour l'émigration, ou un *Œkiste*, puisqu'il faut se servir de ce terme grec qui manque à notre langue. Dans la suite, la colonisation prit un autre caractère. Ce fut l'ambition des métropoles qui la dirigea. Dès-lors les émigrants ne s'éloignèrent plus qu'avec là permission des magistrats, et, en s'établissant dans une terre nouvelle, ils demeurèrent soumis aux lois et au protectorat, souvent assez lourd, de leur première patrie. Les colonies furent réduites à une espèce de vasselage, exploitées plutôt que gouvernées par les métropoles. Il est assez curieux de remarquer que ces prétentions de suzeraineté correspondent avec l'influence croissante des institutions démocratiques dans les villes de la Grèce continentale. Là, à mesure que la condition de citoyen devenait plus élevée, on s'en montrait plus jaloux, et, comme pour rehausser le prix de la liberté, on aimait à s'entourer d'esclaves.

M. Grote, malgré l'obscurité ou la pénurie des renseignements historiques, est parvenu à nous donner une idée des changements remarquables qui s'opérèrent dans les gouvernements helléniques peu après la révolution qui avait abattu les vieilles monarchies patriarcales dont Homère nous a laissé une si vive peinture. Au régime oligarchique, établi partout par les conquérants doriens et ioniens, succède une période de despotisme. Tantôt un chef entreprenant confisque à son profit le pouvoir divisé entre quelques familles, tantôt c'est une réaction du peuple vaincu contre les conquérants. C'est ainsi qu'à Sicyone on voit un chef achéen, Clisthènes, renverser l'oligarchie dorienne et l'asservir à son tour. Qu'on se représente, si l'on peut, la situation des deux ou trois cents familles composant la population d'une ville, en contact journalier avec son petit tyran, soupçonneux, cupide, exposé à chaque instant à un assassinat. En fait d'exactions, de cruautés, d'avanies de toute espèce, quelques-uns de ces despotes réalisaient tout ce qui est possible. Ce Clisthènes, que je viens de nommer, ne se contentait pas d'opprimer ses anciens maîtres, les Doriens ; il voulait les flétrir tous. Au lieu des noms glorieux de leurs tribus, qui rappelaient ceux de leurs anciens héros, Clisthènes leur en imposa de son choix. Savez-vous lesquels ? Les *sangliers*, les *porcs*, les *ânes*. Cependant plusieurs de ces despotes furent des hommes de génie. Un d'eux, Périandre, tyran de Corinthe, mérita d'être compté parmi les sept sages. Ce régime despotique ne pouvait durer, et rarement la tyrannie se transmettait de père en fils. Une réaction eut bientôt lieu, et la destruction de la tyrannie entraîna presque partout celle de l'oligarchie, déjà décimée et ruinée par les despotes, contrainte d'ailleurs, pour se sauver, de faire de grands sacrifices au peuple qu'elle appelait à la liberté. Cependant l'établissement des gouvernements démocratiques ne s'opéra point en Grèce par des secousses brusques et violentes, mais plutôt par des transitions lentes et graduées. M. Grote a exposé de la manière la plus complète et la plus intéressante le mouvement progressif des institutions politiques dans Athènes. Il fait assister successivement le lecteur à la constitution de Solon, à l'usurpation de Pisistrate, enfin à la réforme décisive de Clisthènes, moins célèbre que Solon, mais à qui revient à bon droit l'honneur d'avoir fondé un gouvernement populaire qui dura trois siècles. Nous ne sommes plus au temps. Dieu merci, où, certain lundi, un législateur écrivait ces lignes célèbres à un bibliothécaire : « Mon cher ami, envoyez-moi les lois de Minos ; j'ai une constitution à faire pour jeudi. » Cependant l'esprit humain est si peu inventif, et nous avons fait tant d'emprunts aux Grecs, que c'est rendre service peut-être à nos représentants que de leur indiquer un livre où sont analysés avec une scrupuleuse exactitude et une rare clarté les systèmes politiques de plusieurs républiques, qui ont fonctionné, comme on dit aujourd'hui, avec plus de gloire qu'aucun état moderne n'en oserait se promettre. Je recommande le troisième et le quatrième volume de M. Grote aux méditations de tous nos hommes d'état.

Solon appartient à l'époque historique, mais il touche de près à celle des héros et des dieux. Arrière-petit-fils de Codrus, voire de Neptune, poète, savant, guerrier, il réunissait toutes les qualités homériques d'un pasteur de peuples : aussi ses amis lui conseillaient-ils de se faire tyran, c'est-à-dire d'enrôler une centaine de coupe-jarrets thraces et de se saisir de l'Acropole ; mais Solon ambitionnait une gloire plus haute et plus pure. Il voulut laisser après lui une réputation sans tache et une œuvre durable, problème qu'aucun despote n'a pu résoudre encore. Avant lui, tout le pouvoir politique résidait dans un petit nombre de familles nobles, qu'on appelait les *Eupatrides*, c'est-à-dire ceux qui ont de bons ancêtres. Le gouvernement de ces Eupatrides était fort pesant pour la masse du peuple, comme il semble. Ils vendaient la justice, accaparaient toutes les terres, prêtaient à usure, et se faisaient battre par les étrangers. Mégare, petite ville dorienne à trois lieues d'Athènes, lui disputait l'île de Salamine ; qu'on se figure la guerre entre Saint-Cloud et Saint-Germain pour la possession de Nanterre. Battus à plusieurs reprises, les Athéniens avaient rendu un décret qui défendait, sous peine de mort, de faire aucune motion pour reprendre Salamine. Les Athéniens n'aimaient pas les questions graves et sérieuses. Quelques années plus tard, ils mirent à l'amende un poète pour les avoir fait pleurer aux malheurs de l'Ionie, qu'ils ne voulaient pas secourir. De tout temps, on a vu des assemblées qui n'aimaient pas qu'on leur montrât une plaie saignante.

Solon contrefit l'insensé. Il composa un beau poème guerrier et le déclama en public. « J'ai honte d'être Athénien, disait-il, on me montre au doigt et l'on dit : Voilà un fuyard de Salamine. » Tyrtée, avec ses chansons, avait conduit les Spartiates à la victoire ; les vers de Solon n'eurent pas moins de succès. On lui donna cinq cents hommes, avec lesquels il conquit la patrie d'Ajax. Sa popularité devint immense ; tous les partis lui tendirent les bras et lui déférèrent de pleins pouvoirs pour réformer la république.

La première mesure qu'il décréta fut la *Sisachthie*. Je transcris, d'après M. Grote, ce mot terrible, qu'il emploie hardiment comme si tout le monde pouvait le comprendre et le prononcer. *Sisachthie* veut dire dégrèvement. 11 s'agissait de soulager l'effroyable misère de la plèbe athénienne. L'ancienne loi permettait d'emprunter sur son corps et celui de ses enfants, et, faute de payer sa dette, on devenait l'esclave de son créancier. Solon abolit esclavage pour dettes, et du même coup changea la valeur de la monnaie, de telle sorte que celui qui avait emprunté 100 drachmes se libérait en en payant 75. On voit que la *Sisachthie* ressemble fort à une banqueroute. Suivant M. Grote, ce fut une transaction nécessaire entre une tyrannie aux abois et une insurrection imminente. Solon, le premier, donna l'exemple du sacrifice en renonçant à de nombreuses créances. Il faut considérer, d'ailleurs, qu'une loi qui autorise le prêteur à faire un esclave de son débiteur insolvable tend à créer une espèce de prêt infâme. On avance de l'argent dans la prévision que l'emprunteur ne pourra le rendre, et l'on calcule que sa personne vaut plus que l'argent prêté. C'était, au fond, la traite que Solon abolissait, et, en détruisant un trafic odieux, il achetait la paix publique. Cette mesure, qui d'abord lui attira l'inimitié de tous les riches, trouva dans la suite une approbation générale, lorsqu'on vit qu'elle résolvait pour toujours une question qui, sans cesse, menaçait d'allumer la guerre civile. Chose étrange, jamais on n'eut besoin, dans la suite, de renouveler la *Sisachthie* de Solon. La question des dettes ne reparaît plus dans l'histoire politique d'Athènes, et, si le souvenir des tables de Solon se perpétua, ce ne fut que pour ajouter une sainteté nouvelle à l'inviolabilité des contrats. « Le respect des engagements, dit M. Grote, s'enracina avec la démocratie, et le peuple athénien s'habitua à identifier le maintien de la propriété sous toutes ses formes avec celui de ses lois et de ses institutions. » Les juges, en montant sur leur tribunal, prêtaient le serment de défendre le gouvernement démocratique et de repousser toute proposition relative à l'abrogation des dettes, au partage des terres, à la dépréciation des monnaies. Il est beau pour un peuple d'avoir usé si sagement d'un remède dangereux, et de faire dater son respect pour les lois du jour où il a été contraint de les enfreindre.

Solon enleva le pouvoir à l'aristocratie de naissance des Eupatrides pour le transporter à une aristocratie fondée sur la fortune, idée, je pense, toute nouvelle à cette époque. Le peuple athénien fut divisé en quatre classes, suivant la valeur des propriétés. La première seule pouvait prétendre aux fonctions politiques les plus élevées, c'est-à-dire aux neuf places d'archontes ; quelques magistratures moins importantes étaient réservées à la seconde et à la troisième classe ; mais, comme toutes les charges publiques se donnaient à l'élection et que tout le peuple y prenait part, la quatrième classe, celle des prolétaires, naturellement la plus nombreuse, dominait dans les assemblées politiques. Jadis, en déposant leurs charges, les archontes devaient rendre compte de leur conduite au tribunal de l'aréopage, composé lui-même d'archontes retirés. Solon substitua l'assemblée du peuple à l'aréopage ; ce fut donc au peuple que les magistrats eurent à demander désormais un appui pour leur candidature et un bill d'indemnité pour leur gestion.

L'*agora*, ou l'assemblée du peuple athénien, fut pareillement appelée à statuer sur toutes les affaires politiques de quelque importance ; mais, devant une réunion si nombreuse, un examen effectif eût été difficile. Solon y pourvut par l'établissement d'un sénat de quatre cents membres choisis parmi les citoyens les plus riches et chargés de l'étude préparatoire des affaires. Le peuple était consulté lorsqu'il s'agissait de prendre une décision ; alors l'affaire lui était soumise, nous dirions aujourd'hui rapportée, par le sénat *probouleutique* : c'est le nom que lui donna Solon, nom difficile à traduire, mais qui indique à une oreille grecque les fonctions d'un examen préparatoire.

L'aréopage, la plus antique des institutions athéniennes, ne fut pas supprimé par la constitution nouvelle ; au contraire, ses attributions s'agrandirent. Recruté incessamment par les archontes sortant de charge, composé par conséquent d'hommes d'affaires, ce corps, tout en conservant ses anciennes fonctions judiciaires, fut chargé par Solon de veiller à l'exécution des lois, au maintien de la constitution ; enfin, il fut investi de pouvoirs très étendus, tout-à-fait analogues à ceux des censeurs romains. C'était, à vrai dire, une espèce d'inquisition, nécessaire peut-être dans une république si médiocre par la population, et qui s'étendait sur la vie publique et privée de tous les citoyens.

Je résumerai en quelques mots le système de Solon, et, pour plus de clarté, en me servant des expressions de notre langue politique.

La souveraineté appartient à l'assemblée du peuple.

Le pouvoir exécutif est confié à neuf magistrats élus pour un an, assistés d'un conseil d'état électif, sous la surveillance d'un sénat à vie et inamovible.

Tous les citoyens prennent part aux élections, mais les plus imposés sont seuls éligibles.

La constitution de Solon fut promulguée vers 590 avant Jésus-Christ ; celle de Servius Tullius à Rome date de 570 à peu près. On remarque, au premier abord, une certaine analogie entre les deux constitutions, et il n'est pas invraisemblable que celle d'Athènes n'ait été le prototype de celle de Rome. Un examen plus attentif fera voir combien l'élément démocratique est puissant dans la première, et combien il est paralysé dans la seconde. Dans Athènes, les votes du peuple se comptaient par tête ; à Rome, je parle des premiers temps de la république, les suffrages étaient recueillis par centuries, chaque centurie ayant son vote collectif. Or, le peuple était divisé par centuries, d'une manière arbitraire et sans égard au nombre de têtes, de telle sorte que les classes riches, qui n'avaient qu'un petit nombre de suffrages individuels, formaient en réalité la majorité des centuries. À Rome, la classe des prolétaires ne composait qu'une seule centurie sur cent quatre-vingt-treize, et n'avait pas la plus légère influence dans les élections ; à Athènes, au contraire, la quatrième classe, étant de fait supérieure en nombre aux trois autres, dictait les décisions de toutes les affaires.

C'était, chez les anciens, une question fort débattue, de savoir si la constitution de Solon était démocratique ou aristocratique : on sent que la valeur de ces mots change singulièrement selon l'époque ou le pays où ils sont prononcés ; mais nous ne parlons que des Grecs, et M. Grote remarque que les Athéniens, parvenus au développement le plus complet de la démocratie, regardaient Solon comme le fondateur du gouvernement populaire. On affecta même de mettre sous la protection de sa grande renommée plusieurs institutions fort postérieures qui changèrent matériellement son système politique, sous prétexte d'en tirer toutes les conséquences. M. Grote s'est appliqué avec beaucoup de sagacité à défalquer de la constitution solonienne ce qui doit revenir à d'autres réformateurs moins illustres. Suivons-le dans ses intéressantes recherches.

Peu après que Solon se fut retiré des affaires, Pisistrate s'empara du pouvoir et devint tyran ou despote d'Athènes. Deux fois chassé, il revint deux fois et mourut tranquillement maître de l'Acropole, laissant la tyrannie à ses fils. Il faut lire dans Hérodote ou dans l'*Histoire de la Grèce* le récit de ces révolutions et de ces restaurations, qui se passent toujours en douceur, grâce à la mansuétude des mœurs athéniennes. La seconde fois que Pisistrate rentra dans Athènes, il s'avisa de cette ruse, que j'hésite d'autant moins à rappeler qu'elle ne peut servir aujourd'hui à aucune réaction. Monté sur un char magnifique, il entra bravement dans Athènes, par la route la plus fréquentée, accompagné d'une fort belle fille habillée en Minerve, et précédé de gens qui criaient : « C'est Minerve qui nous le ramène. » Tous les dévots firent chorus, et l'on s'empressa de rendre le pouvoir au favori de la patronne d'Athènes. Hérodote, qui tranche rarement de l'esprit fort, se permet en cette occasion de rire de la crédulité des Athéniens, et M. Grote le reprend avec raison de cette velléité de scepticisme, qui ne lui sied guère. En effet, le même Hérodote est assez disposé à croire que Thésée se battit pour les concitoyens à Marathon, et il n'y a rien d'extraordinaire qu'une belle courtisane, encore inconnue au public, passât pour Minerve auprès des dévots, lorsque, nombre d'années après, les femmes nerveuses s'évanouissaient au théâtre en voyant entrer en scène des comparses habillés en furies.

Pisistrate fut un homme d'esprit. Il n'abolit pas brutalement la constitution de Solon, il se contenta de l'éluder ; satisfait d'avoir l'autorité réelle, il en conserva l'ombre aux assemblées populaires. Despote prudent, personne ne sut mieux que lui jusqu'où pouvait aller la patience des Athéniens. Ses fils ne gardèrent pas la même mesure ; ils furent chassés, et, réfugiés auprès du roi de Perse, le poussèrent à envahir la Grèce.

Les Pisistratides bannis d'Athènes, on voulut rendre toute sa force à la constitution de Solon. Clisthènes, petit-fils de ce despote de Sycione dont j'ai déjà parlé, devenu archonte, fut chargé de réformer les abus que la tyrannie avait introduits. En prétendant interpréter et développer les institutions soloniennes, il fonda en réalité le gouvernement démocratique. Solon avait donné le droit de suffrage à tous les Athéniens ; mais, pour être citoyen, il ne suffisait pas d'être né dans l'Attique, il fallait encore appartenir à une tribu. Il y en avait quatre qui reconnaissaient chacune pour héros éponyme un des quatre fils d'Ion ; ainsi tous les Athéniens pouvaient se croire de la même famille. En dehors des quatre tribus, on était étranger. Clisthènes abolit les quatre tribus anciennes et en créa dix nouvelles, sans aucun égard pour les généalogies. Ainsi une nouvelle et nombreuse classe de citoyens fut appelée à jouir des droits réservés jusqu'alors à une caste privilégiée. Les Pisistratides menaçaient de rentrer dans l'Attique le fer et la flamme à la main ; il fallait se préparer à la guerre. Clisthènes voulut que chacune des tribus élût tous les ans un général ou stratège. Ces nouveaux fonctionnaires ne tardèrent pas à usurper une partie de l'autorité des archontes, qui perdirent la plupart de leurs attributions politiques. Enfin l'aréopage, suspect au peuple comme composé en majorité des archontes nommés sous Pisistrate, fut dépouillé de presque toute son autorité judiciaire, remise aux mains de grands jurys élus par le peuple. Quant au sénat, augmenté de cent membres, il vit également son autorité s'affaiblir en même temps que croissait celle des stratèges, intéressés à n'avoir point d'intermédiaires entre eux et le peuple. Bientôt, en effet, il n'y eut plus à Athènes que deux pouvoirs, celui de l'assemblée et celui des stratèges, ses élus. Dans la suite, les progrès de la démocratie amenèrent pour dernier résultat le tirage au sort des charges publiques entre tous les citoyens ; mais les fonctions de stratèges demeurèrent toujours électives. Il est vrai qu'alors c'était les seules pour lesquelles le mérite fût nécessaire.

Une des institutions les plus remarquables qui signala la réforme de Clisthènes fut l'invention de l'ostracisme. M. Grote défend assez bien ce moyen de gouvernement, et prouve qu'il rendit de grands services à la démocratie naissante. Clisthènes, par ses réformes, dit M. Grote, s'était assuré l'assentiment de la masse des citoyens ; mais, après les exemples donnés par Pisistrate et ses successeurs, comment espérer que toutes les ambitions s'arrêteraient devant une institution nouvelle que l'on n'avait pas encore appris à respecter ? Le problème à résoudre était d'écarter ces ambitions avant qu'elles tentassent d'enfreindre les lois, de prévenir les attentats au lieu de les réprimer par la force et en versant un sang précieux. Pour acquérir une influence dangereuse dans un état démocratique, un homme est obligé de se mettre quelque temps en évidence devant le public, de manière à laisser juger son caractère et ses projets. Or, partant de ce principe posé par Solon, que dans les séditions aucun citoyen ne devait demeurer neutre, Clisthènes en appelait par avance au jugement populaire et le sommait de se prononcer sur l'homme à qui l'on attribuait des projets alarmants pour la tranquillité publique. Le sénat en délibérait et convoquait l'assemblée. Si six mille citoyens, c'est-à-dire le quart de la population libre d'Athènes, trouvaient la république menacée par un personnage quelconque, ce personnage était banni pour dix ans. Cet exil, d'ailleurs, n'entraînait ni déshonneur ni confiscation de biens ; c'était un sacrifice demandé par la patrie, une marque de respect donnée à la susceptibilité démocratique. Il faut observer en outre que l'ostracisme n'était jamais proposé contre un seul citoyen particulièrement désigné. Le peuple était invité à bannir l'homme qui lui semblait dangereux ou suspect Chaque Athénien avait à examiner dans sa conscience quel était cet homme, en sorte qu'une faction ne pouvait réclamer l'ostracisme contre le chef de ses adversaires sans exposer son propre chef à subir le même sort. L'ostracisme exerçait son influence modératrice non seulement dans les occasions où il était employé, mais encore par la terreur salutaire qu'il devait inspirer à tous les hommes d'état. Il arrêtait l'ambition turbulente et ne privait pas le pays de candidats habiles et dévoués. Appliqué dix fois seulement dans un siècle, l'ostracisme, au prix du malheur de dix particuliers, préserva la démocratie naissante de toute violence. La mesure cessa d'être requise lorsqu'elle devint inutile, c'est-à-dire lorsque l'éducation politique de plusieurs générations eut fait passer dans les mœurs le mécanisme de la constitution et qu'elle n'eut plus à craindre aucune tentative pour le détruire. M. Grote compare avec beaucoup de justesse l'ostracisme aux lois d'exception portées dans nos gouvernements modernes contre certains prétendants. Ce n'est pas leur personne que l'on frappe, c'est la guerre civile dont on préserve le pays ; dans une république encore mal affermie, ces prétendants, ou plutôt la guerre civile, voilà le danger de tous les instants. Ne faut-il pas une arme toujours prête à la repousser du pays ? Ce qu'il y a de plus admirable, à mon avis, c'est la sagesse du peuple athénien à ne pas abuser d'une loi qui mettait le sort de tous les grands citoyens à la merci d'une minorité. Chez nous, si l'ostracisme existait, la haine des supériorités, qu'on pare du nom d'amour de l'égalité, aurait bientôt chassé du pays tous les hommes d'état. Dans Athènes, il n'y eut d'injustice criante qu'à l'égard d'Aristide ; encore fut-il bientôt rappelé.

Tandis qu'Athènes est tourmentée par la fièvre du progrès, Sparte conserve immuables ses institutions bizarres, et, calme au dedans, commence à étendre son influence sur ses voisins. M. Grote a noté, mais sans les expliquer, sans doute parce que l'histoire ne lui fournit aucune solution de ce problème, les premiers symptômes de cette domination que Lacédémone ne tarda guère à exercer sur toute la Grèce. Dans un premier article, j'ai remarqué les avantages singuliers que Sparte tirait de sa position géographique. Protégée par la nature contre une invasion, elle pouvait rapidement porter ses forces contre ses voisins. Les lois de Lycurgue en avaient fait comme une grande caserne, et, dès le sixième siècle avant notre ère, les

Lacédémoniens passaient pour invincibles. Leur réputation de moralité politique n'était pas moins bien établie alors que leur supériorité militaire. Quand les Athéniens disputaient à Mégare la possession de Salamine, d'un commun accord on choisit pour arbitres cinq Spartiates, et les Spartiates, quoique Doriens, prononcèrent en faveur des Ioniens contre une cité dorienne. Ce fut encore à Sparte que les Athéniens demandèrent du secours contre les Pisistratides, et, bien qu'elle n'y eût aucun intérêt, elle envoya aussitôt ses troupes, qui chassèrent les tyrans.

Cette suprématie incontestée de Lacédémone, quelle qu'en fût la cause, suffit à prouver l'existence très ancienne d'une unité grecque, phénomène singulier, si l'on se rappelle la division extraordinaire des tribus helléniques, leurs intérêts si différents, toutes les causes d'isolement qui semblaient s'opposer à ce qu'elles formassent jamais un corps homogène. La Grèce, en effet, présente le spectacle, très étrange pour les modernes, d'une unité nationale complètement distincte de l'unité politique. L'hellénisme, si je puis m'exprimer ainsi, c'est-à-dire l'unité nationale, exista toujours, et l'on ne vit qu'une fois, à la veille d'une formidable invasion, les républiques grecques se confédérer contre l'ennemi commun. Le lien assez puissant pour maintenir cette unité nationale existait moins dans une langue commune, intelligible pour tous les Grecs, malgré la différence des dialectes, que dans une conformité remarquable de l'esprit et du caractère. Sans doute, on peut opposer la subtilité de l'Athénien à la lourdeur du

Béotien, l'austérité du Spartiate à la mollesse de l'Ionien ; cependant, partout où se parle la langue grecque, on trouve le même amour du beau et du grand, la même aptitude pour le progrès, la même conscience d'une espèce de mission civilisatrice. La religion, bien que ses formes fussent si variées, que presque chaque famille avait son culte particulier et domestique, la religion, en conviant toutes les tribus grecques à des cérémonies et des jeux solennels où l'étranger ne pouvait prendre part, contribuait encore à les rapprocher, à établir entre elles des relations d'intérêts communs, de jouissances et de passions communes. Ces couronnes, distribuées à Olympie, et que venaient disputer les habitants de Crotone et de Cyrène, ramenaient incessamment les Grecs les plus éloignés au berceau de leur race, et les accoutumaient à voir dans la Grèce continentale le centre de la civilisation. Enfin, la poésie et les arts, si profondément populaires dans le monde hellénique, créés par lui et pour lui, associaient cette race d'élite aux mêmes émotions et lui redisaient continuellement sa supériorité sur le reste des hommes. Cet orgueil si bien fondé fit une nation de toutes les cités helléniques et leur donna la force nécessaire pour sauver le monde de la barbarie.

Le dernier volume de M. Grote nous fait assister au commencement de cette lutte immortelle. Après avoir exposé les accroissements rapides de la puissance des Perses, leurs conquêtes en Asie, l'asservissement des villes ioniennes, il raconte, d'après Hérodote, les causes qui précipitèrent Darius et ses successeurs contre la Grèce continentale. Suivant M. Grote, si Darius l'eût attaquée d'abord, au lieu de tourner ses armes contre les Scythes, c'en était fait dAthènes, et peut-être avec elle de la civilisation ; mais la folle expédition des Perses au-delà du Danube, et la révolte de l'Ionie, qui en fut la suite, donnèrent aux Grecs le temps de se préparer et de s'aguerrir. Athènes, esclave sous les Pisistratides, aurait pu résister aux barbares : elle n'eut pas plus tôt goûté de la liberté qu'elle devint invincible.

La plupart des historiens ont trouvé de belles phrases pour taxer les Athéniens de frivolité et d'ingratitude. M. Grote essaie de les justifier, et il y réussit au moins en ce qui concerne Miltiade, cité souvent comme une des plus nobles victimes de l'injustice de ses concitoyens. La vie de Miltiade, telle que la raconte M. Grote d'après de bonnes autorités, est fort différente du roman accrédité par Cornélius Népos. Miltiade commence par être un petit tyran patenté par Athènes et protégé par Darius. En cette qualité, il accompagne le grand roi jusqu'au bord du Danube, et, le fleuve passé, il le trahit en conseillant aux tyrans ioniens, ses camarades, de rompre le pont et de couper toute retraite aux Perses. Inquiet pour lui-même, au retour de Darius, Miltiade se hâte de quitter la Chorsonnèse de Thrace, où il était tyran pour le compte des Athéniens, et a le bonheur d'être commandant en chef à Marathon. Là il fut admirable, non-seulement par ses bonnes dispositions pendant la bataille, mais par sa présence d'esprit à se porter aussitôt sur Phalère, où il confond les projets des traîtres qui allaient livrer Athènes à la flotte persane. Devenu l'idole de ses compatriotes, Miltiade perd la tête. Il demande des vaisseaux et des soldats pour une expédition secrète. Aussitôt on les lui accorde avec empressement et sans explication de sa part. Cette flotte, cette armée, il les emploie à une vengeance particulière. Il se fait battre en voulant prendre Paros, où était son ennemi, et, après s'être cassé la cuisse dans une intrigue nocturne assez peu digne d'un général, il revient mourir de sa blessure à Athènes, après avoir été condamné à *la plus faible amende* que les lois portaient contre ceux qui avaient mal géré la chose publique. Sans doute le sénat romain remerciant Varron après la bataille de Cannes a plus de grandeur que le peuple d'Athènes condamnant Miltiade ; mais il y a des vertus propres à tous les gouvernements : Rome était un état aristocratique, et la stricte justice est la vertu des démocraties.

Je n'ai analysé qu'une faible partie du nouveau travail de M. Grote. Il en a consacré la moitié au moins à une revue des peuples avec lesquels les Grecs se sont trouvés en contact. Cette revue, dont l'intérêt est incontestable, et qui d'ailleurs se fait remarquer par la profondeur et l'immensité des recherches, a peut-être l'inconvénient d'interrompre le lien assez faible qui réunit entre elles les différentes périodes de l'histoire de la Grèce. Au reste, il n'appartient qu'aux poètes comme Hérodote d'introduire une unité factice dans une grande composition historique. Nous vivons dans un temps prosaïque qui n'admet guère ces brillantes licences des anciens. Ce qu'on exige de l'histoire aujourd'hui, c'est la sûreté de la critique et l'impartialité des jugements. À ce point de vue, l'ouvrage de M. Grote a droit à des éloges sans réserve.

Chapitre III

La guerre du Péloponèse

Constatons d'abord le succès remarquable d'un livre dont nous avons déjà signalé le mérite scientifique et littéraire. La première édition est épuisée ; une seconde vient de paraître. Tout en félicitant l'auteur, félicitons aussi son heureux pays, qui possède tant de lecteur pour une œuvre grave et sérieuse. Le temps n'est plus où de semblables ouvrages pourraient espérer un pareil succès parmi nous. Autrefois, les révolutions des républiques antiques ont intéressé nos pères, mais ils vivaient sous la monarchie absolue ; nous, qui faisons des révolutions, nous n'avons plus le temps de lire l'histoire ancienne. Ses leçons nous profiteraient cependant, surtout présentées avec l'impartialité, la sagesse, la saine raison qui caractérisent le talent de M. Grote.

Nous voici arrivés à l'époque la plus brillante des annales de la Grèce. Les volumes dont nous avons à rendre compte sont remplis par l'invasion médique, le développement de la puissance maritime d'Athènes, l'administration de Périclès, enfin le commencement de la lutte terrible excitée parmi tous les peuples helléniques par la rivalité d'Athènes et de Lacédémone, guerre impie qui, en épuisant les forces d'une nation généreuse, allait la livrer bientôt sans défense aux rois de Macédoine. Dans les volumes précédents, l'auteur avait à coordonner, souvent à interpréter des documents rares et mutilés, débris informes et toujours suspects : aujourd'hui, des témoignages plus nombreux et assurément beaucoup plus respectables servent de base à son travail ; mais de là aussi une difficulté nouvelle. L'autorité d'Hérodote et de Thucydide est si imposante, qu'en présence de ces grands noms l'historien moderne a peine à conserver la liberté de ses appréciations. Toutefois M. Grote n'est point de ceux qui se laissent éblouir par la renommée même la plus légitime. Plein de respect pour ces maîtres immortels, pénétré de toute la vénération qu'il leur doit en sa qualité d'érudit et d'historien, M. Grote n'oublie pas cependant ses devoirs de juge et sait que tout témoin est sujet à faillir. M. Grote m'a tout l'air de ne croire que ce qu'on lui prouve.

Soumise à cette critique sévère, l'histoire prend une gravité qui ne sera sans doute pas du goût de tout le monde. Aujourd'hui surtout, que la méthode contraire a de brillantes autorités en sa faveur, on reprochera peut-être à M. Grote de rejeter impitoyablement les aimables fictions qu'une école moderne recherche et se complaît à commenter. — Le docte Boettiger, dans une dissertation latine, avait déjà prouvé *par vives raisons*, comme le docteur Pancrace, que l'histoire d'Hérodote a tous les caractères du poème épique. Le brave homme, c'est du Grec que je parle, n'y entendait point finesse, car il attachait une étiquette sur son sac, en donnant le nom d'une muse à chacun des livres de sa composition. Le ciel nous préserve de faire le procès d'Hérodote à cette occasion ! nous ne le rendons même pas responsable de ses modernes imitateurs. Seulement nous tiendrons, avec M. G rote, que le temps n'est plus où la poésie et l'histoire peuvent s'unir et se confondre. A chacun son métier. Laissons à Hérodote ses neuf muses, et ne nous étonnons pas si M. Grote nous enlève quelques-unes de nos jeunes illusions.

Ces réflexions s'offrent d'elles-mêmes quand on lit dans l'auteur anglais le récit de la mort de Léonidas et de ses compagnons. Hérodote nous montre Léonidas célébrant ses propres funérailles avant de quitter Sparte, et allant de sang-froid se battre contre trois millions d'hommes avec ses trois cents compagnons, uniquement pour apprendre au grand roi à quelles gens il allait avoir affaire. Hérodote dit expressément que Léonidas ne connaissait pas le défilé des Thermopyles, et que ce fut seulement après s'y être établi qu'il crut un instant à la possibilité de fermer l'entrée de la Grèce aux barbares. Ce dévouement solennel, ces jeux funèbres, tout cela est homérique, c'est-à-dire sublime. Malheureusement la réflexion vient, et l'on se rappelle que la diète des Amphictyons siégeait aux lieux mêmes où mourut Léonidas, et qu'en sa qualité de roi de Sparte, Léonidas ne pouvait pas ignorer la position des Thermopyles, s'il ne les avait pas visitées lui-même ; que de plus, en sa qualité de petit-fils d'Hercule, il avait nécessairement ouï parler d'un lieu célèbre dans les légendes héroïques de sa divine famille ; enfin on voit, par le témoignage même d'Hérodote, que les Grecs, confédérés appréciaient toute l'importance des Thermopyles, puisqu'ils y avaient dirigé un corps considérable, et que leur flotte, en venant stationner à la pointe nord de l'île d'Oeubée, avait en vue d'empêcher les Perses de tourner cette position par un débarquement opéré sur la côte de la Locride, en arrière du défilé.

J'ai eu le bonheur, il y a quelques années, de passer trois jours aux Thermopyles, et j'ai grimpé, non sans émotion, tout prosaïque que je sois, le petit tertre où expirèrent les derniers des trois cents. Là, au lieu du lion de pierre élevé jadis à leur mémoire par les Spartiates, on voit aujourd'hui un corps-de-garde de *chorophylaques* ou gendarmes portant des casques en cuir bouilli. Bien que le défilé soit devenu une plaine très large par suite des atterrissements du Sperchius, bien que cette plaine soit plantée de betteraves dont un de nos compatriotes fait du sucre, il ne faut pas un grand effort d'imagination pour se représenter les Thermopyles telles qu'elles étaient cinq siècles avant notre ère. A leur gauche, les Grecs avaient un mur de rochers infranchissables ; à leur droite, une côte vaseuse, inaccessible aux embarcations ; enfin, entre eux et l'ennemi s'élevait un mur pélasgique, c'est-à-dire construit en blocs de pierre longs de deux ou trois mètres et épais à proportion. Ajoutez à cela les meilleures armes alors en usage et la connaissance approfondie de l'école de bataillon. Au contraire, les Perses, avec leurs bonnets de feutre et leurs boucliers d'osier, ne savaient que courir pêle-mêle en avant, comme des moutons qui se pressent à la porte d'un abattoir. On m'a montré à Athènes des pointes de flèches persanes trouvées aux Thermopyles, à Marathon, à Platée ; elles sont en *silex*. Pauvres sauvages, n'ayez jamais rien à démêler avec les Européens ! S'il y a lieu de s'étonner de quelque chose, c'est que ce passage extraordinaire ait été forcé. Léonidas eut le tort d'occuper de sa personne un poste imprenable et de s'amuser à tuer des Persans, tandis qu'il abandonnait à un lâche la garde d'un autre défilé moins difficile, qui vient déboucher à deux lieues en arrière des Thermopyles. Il mourut en héros ; mais qu'on se représente, si l'on peut, son retour à Sparte, annonçant qu'il laissait aux mains du barbare les clés de la Grèce ?

Voilà dans sa nudité le fait raconté par Hérodote en poète et en poète grec, c'est-à-dire qui recherche le beau et le met en relief avec autant de soin que quelques poètes aujourd'hui recherchent le laid et se complaisent à la peinture des turpitudes humaines. La fiction, dira-t-on, vaut mieux que la vérité. Peut-être ; mais c'est en abusant des Thermopyles et de la prétendue facilité qu'ont trois cents hommes libres à résister à trois millions d'esclaves, que les orateurs de l'Italie sont parvenus à laisser les Piémontais se battre tout seuls contre les Autrichiens.

Ce n'est pas chose nouvelle que de reprendre Hérodote, et le bonhomme a été si mal traité autrefois, qu'en faveur de la justice tardive qu'on lui rend aujourd'hui, il pardonnera sans doute à M. Grote quelque réserve à se servir des admirables matériaux qu'il nous a laissés. Contredire Thucydide est une hardiesse bien plus grande, et l'idée seule a de quoi faire trembler tous les érudits. J'ai cité tout à l'heure une erreur, volontaire ou non, d'Hérodote ; en voici une de Thucydide beaucoup plus grave, et qui n'a point échappé au sévère contrôle de M. Grote. Sa critique est-elle juste ? On peut le croire : pour convaincre Thucydide, M. Grote n'emploiera d'autres preuves que celles que lui fournira Thucydide lui-même.

Il s'agit du jugement célèbre qu'il porte contre Cléon. C'est à Cléon, pour le dire en passant, que nous devons « l'histoire de la guerre du Peloponnèse, » car il fit bannir Thucydide, qui, voyant se fermer pour lui la carrière politique, écrivit l'histoire de son temps. La postérité, loin d'en savoir gré à Cléon, a toujours fait de son nom un synonyme de la bassesse acharnée contre le talent. Et, comme si ce n'était pas assez de la plume de fer de l'historien, Aristophane, avec ses railleries acérées, est venu donner le coup de grace an malencontreux corroyeur. *La Guerre du Peloponnèse et les Chevaliers*, n'en est-ce point assez pour enterrer un homme dans la fange ? Aussi tout helléniste tient Cléon pour un tribun factieux et pour un concussionnaire. Suivant M. Grote, Cléon *n'est point encore jugé*, et cette opinion si nouvelle mérite qu'on l'examine de près. Rappelons-nous que M. Grote n'est point un partisan à outrance de la démocratie, et qu'il fuit le paradoxe. Ce n'est pas parce que Cléon fut un corroyeur, ce n'est pas parce qu'il fut l'idole de la lie du peuple que M. Grote prend sa défense ; le seul sentiment de la justice l'anime, et c'est pour avoir lui avec attention les pièces du procès qu'il en demande la révision.

Oublions d'abord, nous dit-il, les facéties plus ou moins venimeuses d'Aristophane, qui n'est pas plus une autorité en matière d'histoire ancienne que les spirituels auteurs du *Punch* ou du *Charivari* n'en sont une pour l'histoire de notre temps. Un rapprochement curieux donne la valeur du témoignage d'Aristophane. La représentation des *Nuées* précéda d'un an celle des *Chevaliers* ; on en peut conclure que vers ce temps-là, pour frapper ainsi à tort et à travers Socrate et Cléon, Aristophane n'était pas toujours honnêtement inspiré.

Quant à Thucydide, M. Grote nous prouve que le grand historien, homme de guerre fort médiocre, laissa prendre à sa barbe, et par une impardonnable négligence, une place très importante, qu'il devait et qu'il aurait pu facilement défendre. Il pensait à autre chose ce jour-là ; peut-être écrivait-il l'oraison funèbre des Athéniens morts à Samos, tandis que Brasidas surprenait Amphipolis. Thucydide fut jugé selon les lois de son pays. Cléon exagéra peut-être son manque de vigilance ; quant aux conséquences de sa faute, elles étaient déplorables, et les juges ne furent pas plus sévères alors que ne serait aujourd'hui un conseil de guerre dans un cas semblable. Éloigné des affaires par un parti politique, Thucydide a jugé ce parti, et surtout son chef, avec une rigueur où se trahit un sentiment d'inimitié personnelle. Lui-même en fournit des preuves par la manière dont il apprécie les actes de ses adversaires. Choisissons l'exemple le plus notable, la prise de Sphactérie par Cléon.

La guerre du Péloponnèse durait depuis plusieurs années avec des chances diverses, sans que la fortune se déclarât ouvertement pour Athènes ou pour Lacédémone. Dans le Pnyx, on était divisé sur la politique à suivre. Les uns, on les appelait les oligarques, inclinaient à la paix ; les autres, c'étaient les démocrates, voulaient continuer la guerre avec un redoublement d'activité. Les premiers, habitués à reconnaître l'ancienne suprématie de Sparte, étaient prêts à s'y soumettre encore, croyant qu'on pouvait faire bon marché d'une insignifiante question d'amour-propre, lorsqu'il s'agissait d'acheter par cette concession le retour de la prospérité matérielle. Les autres, au contraire, s'indignaient d'accepter une position secondaire, et revendiquaient pour leur patrie le droit de ne traiter avec Sparte que d'égale à égale. Cléon fit prévaloir la politique belliqueuse, et, en dirigeant lui-même les opérations militaires, il porta à la rivale d'Athènes le coup le plus terrible qu'elle eût encore reçu. Toute la flotte lacédémonienne fut capturée à Sphactérie, et un corps de troupes, où l'on comptait cent vingt Spartiates, bloqué dans cette île, mit bas les armes devant Cléon. Jusqu'alors on avait réputé les Spartiates invincibles sur terre. Ils vivaient sur leur vieille réputation des Thermopyles, et l'on croyait qu'on pouvait peut-être les tuer, jamais les prendre. Cette renommée tomba avec Sphactérie. Lacédémone fut humiliée, et demanda la paix. Pour quelque temps, la supériorité d'Athènes fut établie dans toute la Grèce.

C'est pourtant cette expédition de Sphactérie que Thucydide s'est efforcé de rabaisser comme la plus facile des entreprises, bien plus, comme une faute politique énorme. Ceux qui voulaient la paix achetée par des concessions sont, à ses yeux, les seuls gens habiles, et, à l'appui de son opinion, Thucydide rattache à l'affaire de Sphactérie les désastres qui accablèrent Athènes quelques années plus tard. Cette manière d'argumenter est aussi facile que de faire des prédictions après les événements ; mais il oublie que ces désastres furent les conséquences de fautes déplorables qu'on ne peut imputer à Cléon. Athènes, enivrée de ses succès, méprisa ses ennemis, les irrita, les humilia sans les écraser ; puis, comme tous les présomptueux, elle finit par expier cruellement sa folle témérité. Tout cela ne prouve rien contre Cléon. Peut-être après la prise de Sphactérie eut-il le tort de ne pas conseiller une paix glorieuse, mais il ne s'ensuit pas qu'il ne l'eût pas préparée par la vigueur de ses dispositions.

Aux yeux de M. Grote, Cléon est le représentant d'une classe de citoyens nouvelle encore en Grèce au temps de Thucydide, et formée par les institutions populaires de Clisthènes et de Périclès. La constitution athénienne avait ouvert à tous les citoyens la carrière des emplois politiques, mais longtemps elle ne put détruire les vieilles habitudes et le respect enraciné pour les familles illustres. Un fait analogue s'est reproduit à Rome. Lorsque les plébéiens eurent obtenu, après de longs efforts, le droit de prétendre au consulat, ils ne nommèrent d'abord que des patriciens.

De même à Athènes, les familles illustres et les grands propriétaires territoriaux furent longtemps, malgré la constitution la plus démocratique, en possession de fournir seuls à la république ses généraux et ses hommes d'état. Périclès, en remettant la discussion de toutes les affaires à l'assemblée du peuple, avait créé le pouvoir des orateurs. Il était lui-même le plus éloquent des Grecs, et il offrit pendant près de quarante années le spectacle admirable d'un talent merveilleux, faisant toujours prévaloir la raison et le bon sens. Après lui, l'éloquence continua à régner dans les assemblées ; mais bien souvent, dans les démocraties, c'est la passion et la violence du langage qu'on appelle de ce nom. Sans doute, Cléon n'eut pas plus l'éloquence de Périclès que son incorruptible probité, mais il continua pourtant sa politique, et l'on ne peut alléguer contre lui aucune violence, aucune mesure contraire aux lois de son pays. On cherche en vain dans ses actes de quoi justifier l'indignation et la haine qui s'attachent à sa mémoire. Vraisemblablement, Cléon demeura au-dessous de sa tâche, car ce n'est pas impunément qu'on succède à Périclès ; mais on peut croire, avec M. Grote, que le grand grief de ses contemporains fut qu'homme nouveau, pour parler comme les Romains, il aspira le premier aux honneurs, et qu'il constata le premier l'égalité des droits de tous les citoyens.

Bien des gens aujourd'hui sauront un gré infini à Cléon d'avoir été corroyeur, et se le représenteront comme un ouvrier démocrate tannant le cuir le matin et pérorant le soir dans les clubs. Il n'en est rien, et ce point vaut la peine qu'on s'y arrête ; je laisserai M. Grote un instant pour rechercher quelles gens étaient les démocrates d'Athènes, quatre cents ans avant J.-C. — Cléon sans doute était corroyeur, c'est-à-dire qu'il possédait, exploitait des esclaves, lesquels préparaient les cuirs, mais il n'était pas plus artisan que plusieurs de nos candidats parisiens aux élections de 1848 n'étaient ouvriers, bien qu'ils en usurpassent le titre. Un homme libre ne travaillait guère de ses mains à Athènes, et comment cela lui aurait-il été possible ? Tout citoyen d'Athènes était à la fois juré, soldat et marin. Tantôt il lui fallait siéger dans sa dicastérie, et passer souvent plusieurs journées à juger des procès, moyennant trois oboles par séance ; tantôt on le plaçait devant une rame et on l'envoyait en station pour plusieurs mois dans l'Archipel ; ou bien, couvert des armes qu'il lui fallait acheter de ses deniers, il partait pour la Thrace ou la côte d'Asie, payé, il est vrai, un peu plus cher qu'un juge, lorsqu'il possédait un cheval ou bien les armes d'uniforme dans l'infanterie de ligne. S'il eût été artisan, que seraient devenues cependant ses pratiques ? qui aurait pris soin de sa boutique et des instruments de son métier ? L'homme libre, le citoyen se battait, votait dans l'*agora*, jugeait au tribunal, mais il aurait cru s'avilir en faisant œuvre de ses dix doigts. Pour travailler, on avait des esclaves, et tel qui n'aurait pas eu le moyen d'avoir un bœuf dans son étable était le maître de plusieurs bipèdes sans plumes ayant une âme immortelle. Ces esclaves faisaient les affaires domestiques et exerçaient la plupart des métiers, concurremment avec un certain nombre d'étrangers qui, protégés par les lois d'Athènes, faisaient fleurir l'industrie dans la ville, à la condition de ne jamais se mêler de politique. On sait que s'immiscer des affaires de la république, pour un étranger domicilié, pour un *métoeque*, c'était un cas pendable.

On est tenté de se demander si cette abominable institution de l'esclavage n'était pas intimement liée avec l'existence des démocraties antiques, et si elle n'était pas au fond la base de l'égalité politique entre tous les citoyens. Dans l'antiquité, nul homme libre ne devait son existence à un autre homme libre. C'était de la république seule qu'il recevait un salaire, et, son esclave étant *sa chose*, il pouvait se dire à bon droit qu'il n'avait besoin de personne. La différence de fortune marquait cependant des distinctions inévitables entre les citoyens ; mais comment ne pas reconnaître pour son égal celui qui délibère avec vous dans le même tribunal, qui serre son bouclier contre le vôtre dans la même phalange ou sur le même vaisseau ? Ajoutez que, débarrassé par ses esclaves des préoccupations de la vie matérielle, le citoyen d'une ville grecque demeurait tout entier à la vie politique. Il avait le temps d'apprendre les lois de sa patrie, d'en étudier les institutions et de se les rendre aussi familières que le peuvent faire chez nous les hommes qu'on appelle par excellence les *représentants du peuple*. Enfin, ce qui est particulièrement essentiel dans une démocratie, la communauté de pensées nobles et généreuses, l'amour de la gloire et le respect de soi-même, tous ces sentiments étaient entretenus et fortifiés sans cesse parmi ces citoyens qui, riches ou pauvres, laissaient à des esclaves tous les travaux manuels et bas.

Car il faut bien le dire, il y a des professions inférieures les unes relativement aux autres, et, quelque partisan de l'égalité que l'on soit, il est impossible de les avoir toutes en même estime. Interrogez ces ouvriers qui travaillent ensemble à bâtir un édifice. Voyez la fierté de celui qui vous dit qu'il est maçon et l'air humilié ou colère de cet autre, obligé de convenir qu'il est *garçon*. Le premier se croit le bras droit de l'architecte, le second sait qu'il n'est que le bras droit du maçon, pour lequel il prépare les pierres et le plâtre. Que sera-ce si l'on compare des professions encore moins rapprochées, si l'on oppose, par exemple, aux *travailleurs de la pensée* les travailleurs de l'aiguille ou du hoyau ? Les premiers, qui ont des idées philosophiques, aujourd'hui surtout, ne se croiront peut-être pas plus utiles que les autres à la chose publique et fraterniseront volontiers avec les artisans ; mais ces derniers se défendront-ils toujours d'un sentiment de jalousie et ne réclameront ils pas quelquefois l'égalité de droits d'une façon qui ne sera ni modérée ni fraternelle ? Dans nos sociétés modernes, la position de l'ouvrier vivant du salaire que lui donne un de ses concitoyens tient de celle de l'homme libre et de celle de l'esclave. Dans les sociétés antiques, les deux positions étaient nettement tranchées, et, à vrai dire, tout homme libre était un être privilégié, un aristocrate.

Ces tristes réflexions m'ont entraîné un peu loin du livre de M. Grote. J'y reviens pour signaler un de ses chapitres les plus remarquables, celui où il raconte et explique l'étonnante prospérité d'Athènes, si voisine de sa ruine, complète en apparence, à la suite de l'invasion persane. Rien de plus extraordinaire et de plus intéressant, en effet, que d'étudier un si prodigieux changement de fortune. Les mêmes hommes qui avaient vu deux fois l'Acropole au pouvoir du barbare, leurs temples détruits, leurs maisons livrées aux flammes, ces mêmes hommes, pour qui le sol de la patrie n'avait été longtemps que le tillac de leurs galères, se retrouvaient causant à l'ombre des portiques de marbre du Parthénon, au tintement de l'or mesuré par boisseaux dans le trésor de Minerve ; devant eux s'élevaient les statues d'or et d'ivoire, ouvrages de Phidias, ou, s'ils portaient la vue plus au loin, elle s'arrêtait sur une mer couverte de vaisseaux apportant au Pirée les productions de tout le monde connu. Bien plus, ces vieux marins que les Perses avaient réduits quelque temps à la vie des pirates, maintenant commodément assis dans un vaste théâtre, s'attendrissaient aux malheurs de ce grand roi qu'ils avaient si vigoureusement châtié huit ans auparavant. Devenus juges compétents de la poésie la plus sublime, ils pleuraient aux lamentations de Darius et d'Atossa chantées par un des leurs, par un soldat de Salamine et de Platée.

La génération d'Eschyle vit les plus grands malheurs et la plus grande gloire d'Athènes. Cette gloire, cette prospérité, furent dues à la révélation de sa puissance maritime. Xercès obligea les Athéniens à devenir matelots, et ils régnèrent sur la mer après la bataille de Salamine. Ardents à la poursuite du barbare, ils fondèrent une ligue où entrèrent toutes les villes grecques qui avaient des vaisseaux, c'est-à-dire toutes les villes commerçantes. Bientôt leurs alliés, moins belliqueux, se rachetèrent du service militaire en payant des trirèmes athéniennes. Dès ce moment, ils cessèrent d'être alliés, ils devinrent tributaires ; mais cela se fit sans violence et par une transition presque insensible. Les contributions que payaient les alliés devaient autrefois être employées à faire la guerre aux Perses et à les éloigner des mers de la Grèce ; mais les Perses avaient demandé la paix, et aucun pavillon étranger ne se hasardait plus en vue des côtes de la Grèce, toujours bien gardées par les vaisseaux athéniens. Athènes cependant continuait de percevoir les contributions de guerre : elle les employait à bâtir ses temples, à fortifier ses ports. M. Grote me paraît un peu indulgent pour cette interprétation des traités. « La domination d'Athènes, dit il, était douce, intelligente, et ses alliés, riches et tranquilles sous sa protection redoutable, n'avaient point de plaintes réelles à former. » Cela n'est pas douteux ; mais, de quelque manière que l'on envisage la question, il est impossible de ne pas voir dans ce protectorat qui s'impose graduellement tous les caractères d'une usurpation.

En général, on surprend chez M. Grole une certaine partialité pour Athènes, et aussi je ne sais quelle aversion, qui se trahit comme à son insu, contre sa rival, Lacédémone. Il y a peut-être dans ce sentiment une réaction involontaire contre l'esprit anti-démocratique qui a dicté la plupart des histoires de la Grèce écrites en Angleterre. M. Grote a protesté avec raison contre cette tendance. D'un autre côté, à examiner de près les institutions et le caractère des deux républiques rivales, comment se défendre de cette séduction exercée par un peuple si spirituel, si communicatif, et qui a tant fait pour l'humanité ? A cette démocratie d'Athènes, qui sait respecter la liberté de l'individu, qui toujours répand autour d'elle les bienfaits de ses arts et de sa civilisation perfectionnée, que l'on oppose le gouvernement oligarchique de Sparte, méfiant, cruel, souvent absurde, ennemi de tout progrès, jaloux de ses voisins et s'isolant par système. Ici un peuple enthousiaste pour les grandes choses, entraîné quelquefois à des fautes par une généreuse ambition, plus souvent par pur amour de la gloire ; là une nation, disons mieux, une caste brutale, dominatrice, ignorante et ne connaissant d'autre droit que la force, voulant tout rapetisser au niveau de son ignorance, et n'ayant pour toute vertu qu'un patriotisme étroit ou plutôt un orgueil exclusif. Athènes nous apparaît comme une école ouverte où toutes les qualités, tous les instincts se développent et se perfectionnent pour le bonheur de l'humanité ; — Sparte, comme une caserne où l'on ne prend qu'un esprit de corps arrogant, où l'on façonne les hommes, pour ainsi dire, dans le même moule, jusqu'à les faire penser et agir par l'inspiration de cinq inquisiteurs.

Qui pourrait hésiter entre ces deux gouvernements, qui pourrait refuser ses sympathies à celui d'Athènes ?

En lisant les deux derniers volumes de l'histoire de la Grèce, je me suis rappelé un aphorisme célèbre de Montesquieu, et me suis demandé si, en Grèce, le principe de la démocratie a été en effet la *vertu*. — L'homme qui a préparé la grandeur d'Athènes en lui ouvrant la mer, celui qui a repoussé l'invasion persane, Thémistocle, était, pour appeler les choses par leur nom, un traître et un voleur. A Salamine, il obligea les Grecs à jouer le tout pour le tout ; mais lui, il avait pris ses mesures pour être le premier citoyen de la Grèce, si la Grèce était victorieuse, ou le premier vassal de Xercès, si ses compatriotes succombaient dans la lutte. — Pausanias, le vainqueur de Platée, s'il ne trahissait pas les Grecs dans cette bataille qu'il semble avoir gagnée malgré lui, Pausanias, peu après, se vendit aux barbares après avoir pillé et rançonné les Grecs. Démarate, roi banni de Sparte, devenu courtisan de Xercès, ne lui demandait pour conquérir la Grèce que quelques sacs d'or. Il se faisait fort de gagner les principaux citoyens de chaque ville, et il est probable que, si ses conseils eussent été suivis, les Grecs d'Europe eussent été asservis comme leurs frères de l'Asie-Mineure. En effet, la cupidité paraît avoir été le vice dominant dans toutes ces petites républiques, et partout l'homme en place se servait de son pouvoir pour faire des gains illicites. Ces hommes même qui, par leur éducation bizarre, par leur orgueil immodéré, semblent plus que les autres Grecs à l'abri de la corruption, — car quelles jouissances pouvait procurer l'argent à ceux qui mettaient toute leur vanité à se priver des douceurs du luxe ? — les farouches Spartiates, une fois hors de leur séminaire, se livraient effrontément aux exactions les plus odieuses. Aristide, Périclès, célèbres l'un et l'autre par leur désintéressement, sont des exceptions au milieu de la corruption de leur patrie, et la renommée qu'ils durent à leur probité suffirait à montrer combien était général le vice dont ils furent exempts. Comment se fait-il que cette société si avide, que cette démocratie si facile à corrompre, subsista longtemps et périt peut-être plutôt par ses fautes que par ses vices ? A mon avis, le grand principe de la démocratie grecque, c'est le respect de la loi, c'est-à-dire le respect de la majorité. C'était la première idée qu'un Grec recevait en naissant et qu'il suçait pour ainsi dire avec le lait. Toutes les républiques de la Grèce se montrent à nous divisées en factions ennemies ; ces factions se combattent, en paroles s'entend, sur la place publique, et le parti vaincu se soumet paisiblement à la décision de la majorité. L'idée d'en appeler à la violence est presque inconnue, et cette discipline des partis, ce respect pour la chose jugée que nous admirons aujourd'hui dans le parlement anglais, paraît avoir été familière à tout citoyen grec. Le goût et le talent de l'éloquence étaient innés chez ce peuple privilégié. Persuader par la parole, telle était l'ambition de chacun, et, comme chacun espérait persuader un jour, il obéissait avec empressement au vœu d'un orateur aujourd'hui bien inspiré, assuré qu'on lui obéirait à lui-même une autre fois. Le récit de la retraite des dix mille est, je pense, un des exemples les plus remarquables de cette obéissance absolue que les Grecs montraient aux décisions de la majorité. Les dix mille, jetés au cœur de l'Asie sans chefs et sans organisation, se formaient en assemblée dans leur camp, discutaient leurs marches, leurs mouvements de retraite, et exécutaient à la lettre les mesures prises à la pluralité des voix. Or, quels étaient ces soldats ? Des aventuriers, rebut de républiques en guerre les unes contre les autres, des gens perdus de dettes et de crimes, et faisant métier de vendre leur bravoure au plus offrant. Si un pareil ramas d'hommes se disciplinait si facilement, on peut juger de ce qu'étaient des citoyens pères de famille, attachés au sol de la patrie et nourris dans le respect de leurs institutions. Concluons que, si on ne peut rendre les hommes plus vertueux, il est possible de les rendre plus disciplinés, plus attentifs à leurs intérêts. C'est le résultat que les législateurs grecs avaient obtenu, et, plus que jamais, nous devrions étudier leurs institutions aujourd'hui.

Chapitre IV

La Lutte d'Athènes et de Sparte; procès de Socrate

Les deux nouveaux volumes que M. Grote vient de publier sont presque entièrement remplis par la lutte acharnée que se livrent Athènes et Lacédémone pour l'empire de la Grèce, depuis l'année 424 jusqu'en 403 avant Jésus-Christ. Le récit commence à la rupture de la *paix de Nicias* et finit à l'abaissement politique d'Athènes, ou plutôt au rétablissement de sa constitution démocratique, un moment renversée par les armes de Lysandre. Alcibiade, tour à tour l'idole et le fléau de sa patrie ; Nicias, partisan de la *paix à tout prix* et général malgré lui dans la guerre la plus désastreuse ; Callicratidas, modèle de toutes les vertus helléniques ; Lysandre, personnification terrible du génie dominateur de Sparte, tels sont les principaux personnages dont M. Grote avait à raconter les actions et à peindre le caractère. Peu d'époques de l'histoire grecque excitent un aussi vif intérêt ; mais, d'un autre côté, il n'en est pas qui soit plus difficile à traiter pour un écrivain de notre temps. En effet, il faut forcément redire ce qu'ont déjà raconté Thucydide et Xénophon, ce que nous avons tous péniblement traduit au collège, ce que nous avons relu plus tard, lorsque nos professeurs n'ont pas réussi à détruire radicalement en nous le goût de la littérature ancienne. Pour entrer dans la carrière illustrée par le prince des historiens grecs, on doit braver d'abord le reproche de témérité ou même de présomption. Traduire Thucydide dans une de nos langues modernes, c'est, disent les doctes et répètent les ignorants après eux, c'est une entreprise impossible. Se servir de son témoignage pour l'appliquer à un système historique nouveau, n'est-ce pas tenter de construire un édifice moderne avec des matériaux taillés, et merveilleusement taillés, pour un monument inimitable ? C'est entre ces deux écueils que M. Grote avait à louvoyer, et il l'a fait avec une habileté singulière. Au mérite de traducteur, il a joint celui de critique érudit et de commentateur ingénieux. Cette dernière tâche, toujours difficile et souvent ingrate, est trop négligée par bien des savants modernes qui croiraient indigne d'eux d'aplanir à leurs successeurs les obstacles qu'ils ont eux-mêmes péniblement surmontés.

Rien de plus utile cependant et de plus propre à répandre le goût et l'intelligence des études historiques. La plupart des auteurs anciens exigeraient un commentaire perpétuel, non pour expliquer la *grécité* ou la *latinité*, mais pour rendre intelligibles au lecteur moderne les mœurs, les passions, les idées des personnages qui ont vécu dans une société complètement différente de la nôtre. Si le besoin d'un tel commentaire n'est pas plus généralement senti, je pense qu'il ne faut pas l'attribuer à la supériorité de notre intelligence, mais plutôt à la facilité qu'on a aujourd'hui à se payer de mots et à n'examiner les choses que superficiellement. Je me hâte d'ajouter, de peur d'être accusé d'injustice et de mauvaise humeur contre mon siècle, qu'il est assez naturel qu'on n'apporte pas dans l'étude de l'histoire ancienne l'esprit de critique ou même de curiosité que l'histoire contemporaine rencontre d'ordinaire. En effet, pourquoi contrôler péniblement le récit d'événements dont les résultats n'affectent pas visiblement nos intérêts matériels ? Les historiens de l'antiquité, surtout les Grecs, à part la vénération ou l'horreur que notre éducation de collège nous a inspirée, exercent sur nous par leur art merveilleux la même séduction que leurs poètes. Aux uns et aux autres on fait sans scrupule de larges concessions, et, de même qu'on ne s'avise pas de reprocher à Eschyle de donner à son Prométhée un rôle qui s'écarte en maint endroit du mythe accrédité, on ne s'embarrassera guère qu'Hérodote ou Thucydide prêtent à leurs grandes figures historiques des actions dont la vraisemblance est souvent contestable.

C'est avec cette indifférence que les gens du monde, et peut-être même que bien des érudits lisent l'histoire ancienne. Pour ceux qui tiennent, comme M. Grote, à démêler la vérité des événements et les causes qui les ont produits, que de contradictions, que d'incertitudes, leur apparaissent dans les meilleurs historiens ! Outre le doute que font naître des témoignages évidemment suspects de passion ou de partialité, notre ignorance d'une foule de lois, de coutumes, d'habitudes, notre embarras pour nous reporter à des idées ou à des préjugés de vingt siècles en çà rendent excessivement difficile l'appréciation des événements les mieux constatés. Dans cette étude critique, l'érudition et la science politique, trop rarement compagnes de nos jours, doivent s'entraider et se soutenir à chaque pas. Nous avons remarqué déjà les connaissances toutes spéciales qui distinguent M. Grote à ces deux titres, et la lecture de ses derniers volumes n'a fait que nous confirmer dans notre jugement.

L'histoire ancienne écrite par des modernes porte toujours quelque indice des préoccupations du temps où elle a été composée. Au moyen-âge, on faisait d'Alexandre une espèce de chevalier errant. Courier, qui se moquait tant des seigneurs de Larche *qui faisaient cuire du mouton*, Courier, en dépit de son style archaïque, laisse deviner plus d'une fois, dans les fragments de son *Hérodote*, le publiciste populaire de la restauration. M. Grote, spectateur de la lutte qui partage l'Europe entre la démocratie et l'aristocratie, montre franchement ses opinions sur les questions du moment, tout en nous racontant les révolutions de la Grèce antique. Je suis loin de lui en faire un crime. Si le but de l'histoire est d'instruire les hommes, ne doit-elle pas varier ses leçons selon les époques, selon les besoins de chaque génération ? A chacune son enseignement spécial. Il fut un temps où les rois seuls trouvaient dans l'histoire des leçons utiles ; le moment est venu pour les peuples d'y apprendre leurs devoirs. Pour nous, qui vivons sous un gouvernement fondé sur le suffrage universel, l'étude de l'histoire grecque offre un intérêt particulier, et l'exemple de la petite république d'Athènes peut être profitable pour la grande république de France.

La plupart des historiens de l'antiquité, et après eux tous les modernes, n'ont remarqué que les défauts du gouvernement populaire d'Athènes, et les ont repris avec plus ou moins d'aigreur. Thucydide et Xénophon étaient des exilés ; le dernier fut pensionnaire de Sparte. À ce titre, leur témoignage doit être suspect de partialité ; cependant il a toujours été accepté de confiance, et les modernes ont même exagéré, en les répétant, leurs critiques contre la démocratie. M. Grote s'est fait son apologiste, et, à notre sentiment, il a été souvent heureux dans ses efforts pour la justifier des nombreux méfaits qu'on lui impute. À vrai dire et à examiner les choses de près, ce n'est pas la constitution athénienne dont M. Grote fait l'éloge et qu'il propose pour modèle : c'est bien plutôt le caractère athénien dont-il fait ressortir les admirables qualités, et dont, en dépit de tous les préjugés, il nous force d'admirer la constance et la grandeur.

En effet, que faut-il louer dans l'histoire d'Athènes ? Est-ce un gouvernement où d'importantes magistratures se tirent au sort, où les questions les plus graves s'agitent et se décident sur la place publique par une multitude excitée par des orateurs instruits *par principes* à soulever les passions populaires, où le pouvoir sans durée peut passer des mains du plus vertueux citoyen dans celles d'un scélérat éloquent ? Non certes ; mais ce qu'il y a de vraiment admirable, c'est de voir le peuple athénien conserver d'année en année la direction des affaires au plus grand homme de son temps, c'est son respect pour la loi qu'aucune passion ne peut lui faire oublier, c'est sa constance dans les revers, et par-dessus tout son bon sens et l'intelligence de ses véritables intérêts. M. Rollin et bien d'autres nous ont habitués à considérer les Athéniens comme le peuple le plus léger de la terre, frivole, cruel, insouciant, ne pensant qu'à ses plaisirs. Pourtant ce peuple si léger et si frivole nommait tous les ans Périclès stratège : c'est comme président ; il riait de bon cœur aux comédies qui tournaient ce grand homme en ridicule, mais, au sortir du théâtre, il retrouvait le respect pour le pouvoir. Ce peuple décrétait l'expédition de Sicile, parce qu'il avait de l'ambition ; mais il choisissait pour général Nicias, le chef du parti aristocratique, parce qu'il le tenait pour honnête homme et bon capitaine. Les bourgeois d'Athènes voyaient tous les ans les Péloponnésiens ravager l'Attique, couper leurs oliviers, brûler leurs fermes, arracher leurs vignes, et pas un ne demandait la paix, parce que Périclès leur avait dit qu'en abandonnant à l'ennemi une partie de leur territoire, ils pouvaient, au moyen de leur flotte, conserver et étendre leur empire. Lorsque, dans la funeste expédition de Sicile, Athènes eut perdu la fleur de ses hoplites et de ses marins, quelques mois lui suffirent pour armer de nouveaux vaisseaux, rassembler de nouveaux soldats et gagner de grandes batailles. Observons encore que cette constance, cet héroïsme, car il faut appeler les choses par leur nom, est partagé par tout un peuple ; qu'il n'est pas provoqué par la peur qu'inspirent quelques tyrans. C'est le résultat de délibérations prises avec calme, après une discussion approfondie, dans laquelle toute opinion a pu librement se produire, et même être écoutée par une multitude, non de 750 hommes, mais de 1,000. Nous sommes fiers, et non sans raison, des quatorze années de notre première république et de notre énergie à repousser l'invasion de l'Europe ; mais Athènes combattit Lacédémone et le grand roi alliés contre elle sans égorger les suspects dans les prisons sous prétexte de réchauffer le patriotisme, sans opposer à la terreur de l'invasion étrangère la terreur des supplices décrétés par des bandits ou des insensés contré les plus généreux citoyens.

Il y a certaines pages dans l'histoire d'un peuple que tout le monde a lues et qui laissent une impression ineffaçable, d'après laquelle on forme presque toujours un jugement sur ce peuple, jugement d'autant plus injuste, qu'il dépend en général de l'art qu'a mis l'historien à présenter au lecteur une scène d'horreur ou de pitié. Plus qu'aucune autre nation, nous sommes intéressés à protester contre cette manière de procéder, car qui nous jugerait d'après la Saint-Barthélemy ou le 2 septembre nous jugerait assurément fort mal. M. Grote s'est attaché, dans plusieurs chapitres de ses deux derniers volumes, à justifier les Athéniens de quelques accusations banales trop longtemps exploitées à leur préjudice. M. Grote excelle, à notre avis, dans la discussion des témoignages historiques, et il faut toujours admirer son imperturbable opiniâtreté à pénétrer jusqu'au fond des choses, à écarter tous les sophismes, pour ne former son opinion que lorsque le bon sens a été pleinement satisfait. Nous renvoyons surtout le lecteur à l'examen de deux faits célèbres que l'on cite toujours en preuve de la légèreté et de la cruauté athénienne. Nous voulons parler de la condamnation des généraux vainqueurs aux Arginuses et de celle de Socrate. Sans affaiblir la pitié que doivent inspirer ces illustres victimes, l'auteur présente ces grands procès sous un jour nouveau, et, s'il en déplore le résultat avec tous les gens de bien, il atténue, du moins en partie, le sentiment d'horreur qui poursuit encore leurs juges.

Le premier de ces procès célèbres a toujours été fort mal présenté par les historiens modernes, qui n'ont vu dans l'affaire qu'un exemple de superstition déplorable. Les amiraux d'Athènes vainqueurs dans le combat des Arginuses ne purent, dit-on, par suite d'une tempête, recueillir, les morts abandonnés aux flots et leur rendre les derniers devoirs. Le peuple, entiché de ses idées sur les ombres errantes et privées de sépulture, punit du dernier supplice six de ses généraux coupables d'avoir négligé les morts pour sauver les vivants. M. Grote, en rectifiant les faits, a complètement changé la couleur de l'affaire. Il prouve par des témoignages irrécusables qu'il ne s'agissait pas de morts seulement, mais bien des équipages vivants de vingt-cinq trirèmes athéniennes désemparées dans le combat, et que, par une incroyable négligence, les amiraux athéniens laissèrent périr sans secours, tandis que la tempête n'était pas assez forte pour empêcher les débris de la flotte péloponnésienne d'effectuer tranquillement leur retraite. M. Grote demande quel serait le jugement que prononcerait aujourd'hui une cour martiale contre un capitaine de vaisseau qui resterait à l'ancre, tandis que coulerait bas devant lui un navire rempli de ses camarades. Selon toute apparence, si le cas était possible aujourd'hui dans une marine européenne, le coupable paierait de sa tête son indigne lâcheté.

Le procès de Socrate occupe en entier le dernier chapitre du huitième volume. Après avoir instruit l'affaire avec une minutieuse exactitude, l'auteur arrive aux conclusions suivantes : « Que Socrate était le plus honnête homme du monde, mais qu'il était pourtant coupable sur tous les chefs d'accusation, et qu'il fallait une tolérance extraordinaire de la part des Athéniens pour qu'un procès ne lui eût pas été intenté trente ans plus tôt. » M. Grote a expliqué de la manière la plus lucide le caractère original et inimitable de l'enseignement de Socrate. Bien différent des autres sophistes ou philosophes (de son temps les deux mots étaient synonymes), Socrate n'avait point de doctrine qu'il imposât à ses disciples ; mais il les obligeait à penser, et à penser juste. Comme l'acier qui fait jaillir le feu du caillou, Socrate développait l'intelligence de ses interlocuteurs, et, pour me servir des expressions de M. Grote, « son but et sa méthode n'étaient pas de faire des prosélytes et d'imposer des convictions par autorité, mais bien de former des *chercheurs* sérieux, des esprits analytiques et capables de conclure pour eux-mêmes. »

Par la conversation la plus spirituelle, par la dialectique la plus pressante, Socrate réduisait à l'absurde tout mauvais raisonneur. Dans une de nos sociétés modernes, il eût été tué en duel ou serait mort sous le bâton. Dans Athènes, il s'était fait beaucoup d'ennemis, et, selon Xénophon, il y avait quantité de gens qui, après avoir causé une fois avec lui, s'enfuyaient ensuite du plus loin qu'ils l'apercevaient. Nulle part, on n'aime un homme qui nous prouve que nous sommes des ignorants ou des niais. Cependant la cause la plus grave de la haine qu'inspirait Socrate à un grand nombre de ses concitoyens paraît avoir été ses relations avec des hommes qui avaient fait le plus grand mal à leur pays, Alcibiade et Critias. L'un et l'autre furent ses disciples, et, bien qu'il n'approuvât nullement leur conduite, il leur conserva toujours, comme il semble, un attachement singulier. En outre, il ne déguisait pas son mépris pour la constitution athénienne. « Vous tirez vos magistrats au sort, disait-il ; au moment de vous embarquer aimeriez-vous prendre pour pilote l'homme que le hasard aurait désigné ? » En matière de religion, il était décidément hétérodoxe, et, sans parler de son *génie*, il laissait trop voir son opinion sur les mythes *de l'état*, amas informe de superstitions dont on n'avait pas même encore essayé de faire ressortir quelques préceptes de morale. La religion chez les anciens, disons mieux, la superstition, changeait à chaque ville, presque à chaque bourgade ; mais malheureusement elle était intimement liée avec la politique et la nationalité. Un hérétique à Athènes était donc quelque chose comme un transfuge, comme un ennemi de la république. Socrate, jugé d'après toutes les formes de procédure reçues, fut convaincu par un jury nombreux, sur tous les chefs, ou plutôt il se glorifia d'être coupable. Il aurait pu, selon toute apparence, se soustraire à la mort et peut-être même à une condamnation, s'il avait voulu se défendre autrement. M. Grote suppose, non sans raison, qu'arrivé au terme de sa carrière, il aurait préféré une mort sublime, et qui laissait un grand enseignement, à l'obligation de rompre ses habitudes.

Les lois athéniennes étant données, Socrate a dû être condamné, cela est incontestable ; mais nous demanderons à M. Grote si ce résultat est à la gloire de ce régime pour lequel il montre parfois un peu trop de partialité.

En terminant, nous remarquerons que l'appréciation du jugement de Socrate et l'explication des causes qui l'ont provoqué ont été exposées, il y a cent quatorze ans, par Fréret, qui arrive à peu près aux mêmes conclusions que M. Grote. M. Cousin, dans l'argument qui précède *l'Apologie de Socrate*, au premier volume de son éloquente traduction de Platon, prouve également en quelques mots que le jugement était conforme aux lois existantes. Cependant M. Grote n'a cité ni Fréret, ni M. Cousin. Je suis bien loin de croire qu'il ait eu le moins du monde la pensée de déguiser un plagiat : je crains plutôt que M. Grote n'ait lu ni Fréret, ni M. Cousin ; il s'est donné cependant la peine de réfuter un M. Forchammer, professeur allemand, qui trouve que Socrate était un grand coquin. On croit trop en Angleterre à la spécialité des Allemands pour l'érudition et la philosophie. La mode est aux systèmes allemands. M. Grote est un trop bon esprit pour admettre l'imagination en matière d'histoire et de linguistique ; il me permettra de lui rappeler qu'il existe en France des érudits et des philosophes sérieux.

Chapitre V

La Retraite des Dix Mille

Il y a près d'un an qu'ont paru les volumes IX et X de l'*Histoire de la Grèce*, par M. Grote, et ce ne sont pas les moins intéressons de ce remarquable travail. Sans chercher à excuser le retard que j'ai mis à les signaler aux lecteurs de la *Revue*, je vais indiquer les trails principaux de la période conquise dans cette dernière publication.

La plus grande partie du tome IX est consacrée au récit d'un des épisodes les plus curieux de l'histoire grecque. Je veux parler de la fameuse *retraite des dix mille*, événement romanesque s'il en fut, qui d'abord ne parut qu'un trait d'héroïsme militaire, un pendant de l'expédition des Argonautes, mais qui, dans le fait, en révélant la faiblesse de la monarchie persane, prépara la conquête de l'Asie par Alexandre. Malgré les glorieux souvenirs de Salamine et de Platée, le *grand roi* était demeuré dans toutes les imaginations comme un fantôme menaçant pour l'Europe : dix mille témoins proclamèrent un jour que ce colosse, si terrible de loin, n'était qu'un vain épouvantail. Le fer à la main, ils venaient de traverser les plus belles provinces d'Artaxerce, et c'est à peine s'ils y avaient rencontré des soldats assez hardis pour leur disputer le passage. Dès ce moment, l'empire des Perses fut condamné à devenir la proie des Hellènes, aussitôt qu'ils auraient pu réunir leurs forces sous un chef habile et entreprenant.

Outre le merveilleux de l'événement, l'expédition des dix mille offre encore un intérêt particulier par la relation qu'en a laissée un de leurs capitaines, écrivain original, dont le caractère semble appartenir plutôt à notre époque qu'à l'antiquité. Xénophon est le premier auteur grec qui se montre dégagé des préjugés d'un patriotisme étroit, et qui juge les hommes et les choses avec l'impartialité d'un cosmopolite. En le lisant, ce n'est que par le dialecte dont il fait usage qu'on devine sa patrie ; mais les bons soldats de tous les pays et de tous les temps le reconnaîtront pour leur camarade. Chez lui, l'honneur militaire passe avant l'amour du pays. Il est vrai que l'année à laquelle il appartenait fut la première *armée permanente* sortie de la Grèce. L'attachement au drapeau, l'esprit de corps, s'y étaient développés parmi des dangers de toute espèce, et sans doute en même temps, mais à l'insu des soldats eux-mêmes, il s'y mêla un sentiment d'orgueil hellénique, un patriotisme, non plus de ville, mais de nation, qui devait dans la suite réunir tous les Grecs contre les barbares, de même qu'au moyen âge le christianisme arma les peuples de l'Europe contre les musulmans. L'éducation des camps laisse des traces ineffaçables ; nulle autre n'établit plus rapidement entre les hommes une communauté d'idées et de mœurs. Chez nous, la conscription a consacré irrévocablement l'unité de la France, et chacun de nos régiments est une école où le conscrit échange les habitudes et jusqu'au dialecte de sa province pour les sentiments et la langue du soldat français.

Xénophon s'est formé à pareille école. Il est Grec plutôt qu'Athénien, et, plus que tout, homme de guerre. L'anarchie et le désordre, ces fléaux des armées, lui sont insupportables. Tel est le motif de son aversion pour le gouvernement d'Athènes, où l'on ne sait ce que c'est que respect et subordination. Cependant, ainsi que le remarque M. Grote avec beaucoup de justesse, Xénophon est éloquent, délié, habile à manier les hommes, il possède à un haut degré toutes les qualités brillantes particulières aux Athéniens ; mais il semble qu'il ait honte d'en faire usage. Militaire, il méprise des institutions qui permettent à un discoureur habile de commander à des hommes de cœur et d'expérience. S'il admire Sparte, c'est que Sparte est un pays de discipline, où chacun exécute sans raisonner ce que les chefs décident. Tout jeune encore, il avait trouvé la domination lacédémonienne reconnue, en Grèce, et il s'étonne naïvement que plus tard on ait changé un ordre de choses établi. En Asie, les aventuriers, ses compagnons d'armes, veulent le prendre pour leur général : il refuse, parce qu'il n'est pas Spartiate, et qu'il y a des Spartiates dans l'armée. Les Xénophons de notre temps, ce sont les officiers qui ne veulent point passer colonels parce qu'ils ont des camarades avant eux sur le tableau d'avancement. Plein d'humanité et de sentiments généreux, comme les hommes qui ont souvent exposé leur vie, Xénophon donne son cheval à un soldat éclopé, mais il ne se fait pas faute de rosser les traînards et les *fricoteurs*, et souvent il laisse voir sa partialité pour le bâton comme moyen de discipline. C'est à son respect pour tout ce qui est autorité qu'il faut attribuer, je crois, ses croyances superstitieuses, son attention aux songes et ses scrupules en matière de présages. Il est aussi ponctuel à s'acquitter de ses sacrifices et autres menus suffrages païens qu'à bien aligner ses hoplites et ses peltastes ; mais d'un autre côté il est toujours homme de grand sens, et de plus très fin, comme un vieux routier de guerre : il connaît toutes les ruses et toutes les friponneries des devins qu'il consulte ; aussi dans l'occasion il les surveille de près, incapable de tricher lui-même, comme faisait Agésilas, qui s'écrivait des oracles dans le creux de la main pour en tirer une contre-épreuve sur le foie des victimes. Xénophon n'était pas un esprit fort comme le roi de Sparte ; jamais pourtant la superstition ne lui fit faire une sottise, seulement il avait grand soin d'être toujours en règle avec ses dieux. Pressé par un capitaine de ses amis de prendre du service dans l'armée de Cyrus, sa résolution bien arrêtée, il consulta son maître Socrate, qui le renvoya à l'oracle de Delphes, conseil un peu étrange de la part d'un si grand philosophe. Xénophon s'en alla fort docilement consulter la Pythie ; mais, au lieu de lui demander s'il devait aller en Asie ou rester en Grèce, il lui adressa cette question : « A quel dieu dois-je sacrifier pour réussir dans l'entreprise où je m'engage ? » - La Pythie répondit : « A Jupiter roi, » et là-dessus Xénophon partit pour l'Asie en sûreté de conscience. Cromwell, très pieux aussi, disait à ses mousquetaires : « Ayez confiance en Dieu et visez aux rubans de souliers. » Cela revient au mot de La Fontaine : « Aide-toi, le ciel t'aidera ! » Xénophon commence ainsi son traité du *commandement de la cavalerie* : « Avant tout, il faut sacrifier, et prier les dieux que tu puisses penser, parler, agir dans ton commandement de manière à leur plaire, ayant pour but le bien et la gloire de l'état et de tes amis. » Courier, dont j'emprunte la traduction, parait croire que l'orthodoxie païenne du disciple de Socrate n'est qu'une sage prudence inspirée parle sort de son maître, qu'il n'avait nulle envie de partager. Il se peut en effet que Xénophon tint à ne se pas brouiller avec les fanatiques de son temps ; toutefois il faut se rappeler que la plus grande partie de sa vie se passa loin d'Athènes, soit dans les camps, soit sur une terre hospitalière où les Anytus n'étaient guère à craindre. Je crois plutôt qu'en philosophe pratique, Xénophon prenait les choses et les hommes pour ce qu'ils étaient. Il ne voulait rien réformer, respectait tout ce qui était ancien, persuadé qu'en tout lieu et en tout temps on peut vivre en honnête homme et bien mener ses affaires.

Il s'en fallait, je pense, que l'armée grecque d'Asie fût composée de tels philosophes. M. Grote nous la représente comme formée de deux éléments très louables, de *soldats-citoyens* possesseurs de petites fortunes qu'ils espéraient améliorer dans les bonnes occasions que la guerre peut offrir, et d'exilés politiques contraints de s'expatrier à cause de leurs opinions anti-laconiennes. Ici, je crains que M. Grote

101

ne se laisse entraîner un peu à son admiration pour tout ce qui est grec, et qu'il ne voie les choses trop en beau. Remarquons d'abord que, d'après le témoignage même de Xénophon, la majorité des dix mille avait été recrutée dans le Péloponnèse, c'est-à-dire parmi les alliés ou les vassaux de Sparte. Du reste, il est bien difficile de croire que des soldats mercenaires aient jamais été l'élite d'une nation, et parce que les dix mille délibéraient et votaient dans leur camp, il ne faut pas les appeler des *soldats-citoyens*. Il est tout naturel qu'ils portassent en Asie les habitudes de leurs petites démocraties, et leurs chefs, qui n'avaient pas de quoi les payer, étaient bien obligés d'employer les moyens de persuasion, faute d'autres. D'ailleurs c'étaient des hommes endurcis à la fatigue, aimant leur métier et les aventures ; s'ils avaient quelque chose de commun avec ce que nous appelions *soldats-citoyens* ou gardes nationaux, c'est qu'ils raisonnaient beaucoup, et que leurs officiers avaient à discuter avec leurs soldats avant d'en être obéis. Il en est de même dans toute armée irrégulière, ou dont les chefs ne sont pas investis de leur autorité par un pouvoir universellement reconnu. De temps en temps, ces *soldats-citoyens* jetaient des pierres à leurs généraux, pillaient leurs hôtes ou les tuaient ; leur épée était toujours à l'enchère : voilà bien des rapports avec les *routiers* du moyen âge. Je suis prêt à reconnaître que peu d'armées ont donné tant de preuves de courage, de persévérance, de bon sens ; mais qu'en faut-il conclure ? Que les individus qui la composaient avaient avec les vices de leur métier les qualités éminentes de la race hellénique ; enfants de la Grèce, ils étaient des hommes supérieurs à tous ceux à qui ils eurent affaire. On peut objecter que le nombre des *hoplites*, c'est-à-dire des soldats pesamment armés, était, relativement à l'infanterie légère, beaucoup plus considérable parmi les compagnons de Xénophon que dans toute autre armée grecque du même temps. Les hoplites se recrutant d'ordinaire parmi les citoyens aisés en état de s'acheter une armure complète, M. Grote en a inféré que les dix mille appartenaient en majeure partie à la bourgeoisie de la Grèce. Par contre, on pourrait remarquer que dans toute l'armée il n'y avait qu'une quarantaine de *cavaliers*, tous, ainsi que Xénophon, officiers d'état-major ou volontaires. Chez les Grecs, de même que chez les Romains, les cavaliers étaient choisis parmi l'élite des citoyens, et dans Athènes le service de la cavalerie passait pour le plus honorable. Mais pourquoi appliquer à une année de mercenaires des conclusions qui ne seraient justes qu'à l'égard d'une armée nationale ? Il me semble évident que les capitaines qui avaient levé des troupes pour le jeune Cyrus étaient assez bien pourvus d'argent pour donner à leurs recrues l'équipement de soldats d'élite, et si l'on ne voit pas de cavalerie attachée à cette armée, c'est que Cyrus, se croyant assez fort de ce côté, avait demandé à ses émissaires précisément l'arme qui manquait en Asie, et qui devait lui assurer une supériorité décisive sur le champ de bataille.

Ce ne sera pas sans surprise, je pense, que nos militaires liront que cette division grecque si estimée et si redoutable traînait à sa suite un nombre considérable de non-combattans. M. Grote remarque que dans les marches la plupart des hoplites faisaient porter leur bouclier par un esclave ; presque tous avaient leurs *hétaïres*, c'est-à-dire leurs « femmes de campagne, » pour parler comme M. le duc de Lorraine. Pour des Grecs de ce temps, cela semble un grand luxe. Il parait que beaucoup de ces dames étaient de condition libre, et probablement menaient leurs esclaves avec elles. Une multitude de chariots et de bêtes de somme portaient le bagage ; enfin un grand troupeau suivait l'armée pour la nourrir dans ses traites. On le voit, cette troupe ne ressemblait guère aux légionnaires romains qui portaient sur leurs épaules armes et vivres, et que Marius appelait ses mulets. Notons encore un détail curieux sur l'organisation d'une armée à cette époque : celle-là n'avait pas un seul interprète, pas un chirurgien en titre ; ce ne fut qu'après une affaire assez chaude qu'on s'avisa de répartir entre les différentes bandes les hommes qui prétendaient avoir quelques connaissances médicales.

Cyrus, frère puîné d'Artaxerce, roi de Perse, gouvernait pour lui une grande partie de l'Asie Mineure. C'était un prince habile, actif, ambitieux, plein de qualités brillantes, généreux surtout. Depuis longtemps il méditait de s'emparer du trône, et, connaissant le courage des Grecs ainsi que les moyens de se les attacher, il avait pris à sa solde un corps nombreux d'auxiliaires de cette nation. Il eut été dangereux de les recruter ouvertement pour faire la guerre au grand roi ; Sparte, alors en paix avec Artaxerce, n'eût pas souffert ces enrôlements. D'ailleurs peu de soldats se fussent trouvés assez résolus pour aller combattre si loin de leur patrie un prince dont on vantait partout la puissance. Cyrus s'y prit avec adresse. Les recrues qu'on lui envoyait de Grèce devaient, disait-il, l'aider à soumettre un petit peuple rebelle à l'autorité du grand roi, et il ne s'agissait que d'une campagne d'assez courte durée. Sous ce prétexte, il avait réuni un corps d'environ quinze mille hommes (les *dix mille* étaient tout autant) dont il donna le commandement à un Spartiate nommé Cléarque, le seul des capitaines grecs qui fût alors dans sa confidence. Bien que chef désigné de la division auxiliaire, Cléarque n'avait qu'une autorité assez médiocre, chaque capitaine ayant sa troupe particulière d'aventuriers levée par lui, qu'il regardait comme sa propriété et dans laquelle il n'eût pas souffert qu'on intervînt. Les Grecs, bien traités par Cyrus, charmés de ses manières affables, s'éloignèrent de la côte sans défiance, et ce fut assez loin des limites de son gouvernement qu'ils commencèrent à soupçonner ses projets et à faire leurs réflexions ; mais ils étaient déjà bien avancés, et, après tout, il leur était assez indifférent de combattre contre Artaxerce ou contre les Pisidiens. Cyrus doubla leur solde, leur paya un mois d'avance, et, gagnés par un si noble procédé, ils jurèrent de le suivre jusqu'au bout du monde.

M. Grote a décrit et expliqué avec sa sagacité ordinaire tous les mouvements de l'armée de Cyrus depuis son départ de Sardes jusqu'à son arrivée dans la

Babylonie. Mettant à profit les observations des voyageurs modernes aussi bien que les commentaires des érudits de toutes les époques, il a jeté une vive lumière sur le récit de Xénopbon, qui n'a pu toujours indiquer d'une manière fort intelligible la marche de ses compagnons dans un pays dont il ignorait la langue. Si l'on se rappelle que l'armée grecque n'avait qu'un interprète, que son état-major ne possédait pas une carte, et que Cyrus, jusqu'au dernier moment, fit un mystère de ses projets, on s'étonnera que l'auteur grec ait pu donner tant de détails précis sur cette expédition. Un des faits les plus extraordinaires, expliqué, ce me semble, de la façon la plus plausible par M. Grote, c'est la facilité avec laquelle l'armée d'invasion arriva jusqu'à quelques marches de Babylone sans coup férir et presque sans voir d'ennemis. Les défilés de la Cilicie et de la Syrie, occupés par des troupes nombreuses, sont abandonnés sans combat ; plus loin, un immense retranchement de quinze lieues de long se présente devant l'armée de Cyrus, mais elle ne trouve pas un soldat pour le lui disputer. À Cunaxa, l'ennemi paraît enfin. Tout se prépare pour la bataille ; mais ce n'est point une bataille que cette journée où périt Cyrus. Tout se réduit à une escarmouche entre les gardes des deux prétendants à l'empire, ou plutôt à un duel entre les deux frères, avec plusieurs centaines de milliers de témoins. Cyrus succombe, et tout est fini. Quant aux Grecs, leur coopération se borne à chanter leur *péan* et à baisser leurs piques. L'ennemi s'enfuit, et s'enfuit si vite, qu'ils ne peuvent ni frapper un coup ni faire un prisonnier. — Quelle guerre est-ce là ? demanderont les militaires. — La guerre civile en pays despotique, répondra M. Grote. L'empire des Perses était divisé en un certain nombre de provinces gouvernées par des satrapes, chefs féodaux presque indépendants, mais trop lâches ou trop odieux à leurs vassaux pour se mettre en rébellion ouverte contre un souverain nominal qui conservait encore quelque prestige pour ses peuples. Au moment où la guerre éclata entre les deux frères, chacun de ces seigneurs féodaux n'eut qu'une seule pensée, une seule politique : ce fut de se maintenir dans sa satrapie, quel que fût l'événement. Ils se gardèrent bien de prendre parti pour l'un ou l'autre des deux frères. Tant que Cyrus marche en avant, ils fuient devant lui, sûrs, s'il réussit, de se faire un mérite de ne pas lui avoir résisté, attentifs en même temps à ne pas se brouiller avec Artaxerce tant qu'il lui restera quelques ressources. Ce système de duplicité dure toute la campagne, et, depuis le satrape jusqu'au dernier soldat, il semble que tout le monde le pratique. Les seules gens qui se battent, ce sont les *compagnons de table* des deux frères (ainsi les rois de Perse nommaient leurs gardes du corps), parce qu'ils savent que la table de l'un ne peut exister en même temps que celle de l'autre. Je ne répondrais pas même que Cléarque n'eût appris assez des manières persanes dans sa marche, pour ne pas imiter la politique prudente des satrapes, et de quelque vitesse que les Egyptiens, en ligne devant lui à Cunaxa, firent preuve pour s'enfuir, je serais tenté de croire que les Grecs ne mirent pas une très grande ardeur à les suivre. Dans ce déplorable gouvernement de la Perse, il était à peu près indifférent à tout le monde que l'idole reconnue s'appelât Cyrus ou bien Artaxerce, et si plus tard Alexandre eut des batailles à livrer, c'est qu'il voulait non-seulement le trône de Darius pour lui-même, mais encore les satrapies des grands vassaux pour ses Macédoniens.

Les Grecs apprirent le soir que la bataille qu'ils croyaient gagnée était perdue : accident assez commun à la guerre, dit-on, où chacun s'imagine que le sort d'une journée se décide dans le poste qu'il occupe. Cependant ils ne pensèrent pour lors qu'à leur souper, qu'ils firent cuire avec les flèches des Perses et les boucliers de bois des Égyptiens ; puis ils réfléchirent au parti qu'il leur fallait prendre. D'abord ils offrirent à un frère de Cyrus, nommé Ariée, de le faire roi ; mais déjà, avant de souper, Ariée avait fait sa paix particulière avec Artaxerce. Il fallut bien parlementer avec les gens du grand roi ; les dix mille étaient tout disposés à se mettre à son service, mais on n'accepta pas leurs offres, et il fut réglé qu'ils s'en retourneraient, non plus en conquérants, comme ils étaient venus, mais en payant de leur argent les rations qu'on leur délivrerait. Cet arrangement déplaisait fort à la plupart des soldats, qui s'étaient flattés de faire leur fortune en Asie et qui maintenant ne trouvaient plus à qui louer leur épée. Force leur fut pourtant de se résigner, et l'on se mit en marche pour regagner l'Asie Mineure. Avant d'entrer en Mésopotamie, les Grecs avaient traversé un grand désert, et le retour par le même chemin les effrayait fort ; on leur promit de les conduire par une autre route, et de fait on les fit passer sur la rive gauche du Tigre. À vrai dire, ce mouvement était un peu suspect, et il est probable que les satrapes qui accompagnaient les Grecs, et Ariée lui-même, leur ancien compagnon d'armes, n'avaient pas de très bonnes intentions à leur égard. — Toutefois il faut remarquer que les Perses ne firent aucune tentative pour que l'armée grecque se divisât en détachemens, ce qui leur eût permis de l'accabler en détail. Au contraire, elle marcha toujours concentrée et en ordre de bataille. C'était, de la part de Tissapherne, le principal des lieutenants d'Artaxerce, une lourde faute que les capitaines grecs prirent pour une preuve de bonne foi. Gagnés par ses promesses, ils se rendirent sans défiance à une entrevue, où on les assassina. Tissapherne pouvait profiter du premier moment de stupeur où les Grecs durent être plongés, pour les attaquer et les mettre en pièces ; mais il jugeait d'eux par ses compatriotes : Cyrus mort, tous les Perses s'étaient soumis à Artaxerce, et le satrape ne doutait pas que les soldats étrangers, privés de leurs généraux, ne demandassent quartier. Il les laissa respirer une nuit, et le matin il trouva leur phalange en bon ordre, commandée par d'autres capitaines, et chaque homme résolu à se faire tuer avant de rendre ses armes. Xénophon et les officiers énergiques qui restaient dans le camp des Grecs leur avaient dit : — « Les Perses ont assassiné nos chefs ; c'est une preuve qu'ils ont peur de nous et qu'ils se sentent incapables de nous tenir tête sur un champ de bataille. Nous sommes, il est vrai, en pays ennemi, mais dix mille Grecs armés passent partout. Un grand fleuve s'oppose à notre marche. Remontons vers sa source jusqu'à ce qu'il soit guéable. En attendant, nous vivrons de ce que nous prendrons à l'ennemi. » Au premier mot de cette harangue, un soldat éternua : c'était un augure favorable chez les anciens, et Xénophon, en s'écriant : « Que Jupiter te bénisse ! » se hâta de faire remarquer l'heureux présage à ses compagnons. Cet éternuement ne fut pas peut-être sans influence pour faire adopter un projet si audacieux. M. Grote, en louant la présence d'esprit de Xénophon, qui tire parti du moindre accident pour frapper son auditoire, exprime l'opinion que le projet de cette héroïque retraite ne pouvait être couru que par un Athénien. « Il fallait, dit-il, un Athénien habitué à la vie de la place publique, instruit dès son enfance dans l'art de persuader et de gouverner, pour ranimer le moral d'une masse éperdue, telle que fut un instant cette armée sans généraux. » Selon M. Grote, une autre troupe manquant de l'habitude grecque de la vie politique, incapable de délibérer d'une façon *parlementaire*, qu'on me passe ce mot, se trouvant dans la même position, aurait probablement succombé au découragement.

J'avoue que je ne puis partager l'opinion de M. Grote, quelque habileté qu'il ait mise à la soutenir. Sans doute le caractère et la fermeté de Xénophon eurent beaucoup d'influence sur le sort de ses camarades : sa bonne mine, ses belles armes, son éloquence naturelle, sa faconde athénienne, sa connaissance du cœur humain, le servirent utilement ;

mais, à mon avis, ce qui sauva les Grecs, ce ne fut pas leur éducation politique, mais bien leur éducation militaire. Ils firent leur admirable retraite parce qu'ils étaient des soldats, non plus des citoyens. J'ajouterai que les mésaventures partielles qui leur arrivèrent chemin faisant furent causées par ces habitudes politiques que M. Grote admire, et qui au fond ressemblent fort à de l'indiscipline. C'est surtout dans une retraite que les vrais soldats montrent toute leur supériorité. Habitués a compter les uns sur les autres, confiants dans l'expérience de leurs chefs, ils ne connaissent ni les paniques auxquelles sont sujettes les troupes de nouvelle levée, ni les inquiétudes continuelles qui les harassent plus que les fatigues de la guerre. Résolus, insouciants, habiles à découvrir des vivres, sachant se reposer lorsque le danger a cessé, les vieux soldats l'emportent par leur expérience encore plus que par leur courage. M. Grote, qui a si bien raconté la funeste expédition de Sicile, aurait pu se rappeler qu'alors les harangueurs ne manquaient point dans l'armée athénienne. Elle avait parmi ses chefs des gens de cœur et de bons capitaines, mais les soldats étaient jeunes : c'étaient des citoyens armés, faciles à décourager, s'alarmant de tout, raisonnant sur tout, écoutant leur imagination plutôt que la voix de leurs officiers. Certes, ce n'était pas avec une armée de citoyens que Suwarof fit sa belle retraite dans les montagnes de la Suisse avec les Français à ses trousses ; ses soldats ne délibéraient point : ils savaient souffrir et obéir.

C'est précisément l'organisation très vicieuse de l'armée grecque qui rend sa retraite si extraordinaire et qui fait la gloire de ses généraux. Élus par les soldats, ils n'avaient qu'une autorité assez précaire, bien différente de celle qu'auraient eue des chefs nommés par un gouvernement régulier sur une armée nationale. Aussi de temps en temps leurs soldats voulaient les lapider ou bien les juger. Il est vrai que ces velléités d'indiscipline ne leur vinrent jamais que dans de bons quartiers et hors de la présence de l'ennemi. En résumé, les dix mille me paraissent avoir été de vieux soldats fort intelligents, médiocrement disciplinés, excellents sur le champ de bataille, mais détestables en garnison.

Sans guides, harcelés par la cavalerie persane, ils se mettent en route se dirigeant vers le nord, et toujours emmenant leurs femmes de campagne et leurs bagages. Après plusieurs pénibles journées de marche et de combats continuels, ils apprennent qu'ils se trouvent à la frontière d'une province montagneuse, enclavée dans les domaines du grand roi, mais rebelle à son gouvernement : c'est le pays des Carduques. Ils s'y jettent, et là les Perses cessent de les poursuivre ; mais les montagnards leur disputent le passage. Les Grecs les battent, et par la rapidité de leur marche surprennent les défilés où les Carduques auraient pu les accabler. Délivrés d'ennemis courageux, mais inexpérimentés, les Grecs ont bientôt à lutter contre des obstacles bien plus redoutables : le froid, la neige, les attendent dans les âpres montagnes de l'Arménie. Là encore l'énergie des chefs, la constance des soldats, sauvent l'armée d'une destruction complète. Désormais la plus rude partie de sa tâche est terminée. Sauf quelques escarmouches peu sérieuses, elle s'avance toujours vers le nord sans être inquiétée, et enfin tout à coup, au sommet d'un col élevé, l'avant-garde aperçoit le Pont-Euxin. Toute l'armée pousse un long cri de joie. La mer, pour ce peuple de matelots, c'était déjà la patrie.

Mais ils ne sont pas au bout de leurs fatigues. Longtemps unis par le danger commun, ils commencent à se diviser dès qu'ils ont atteint le rivage. Quelques-uns des chefs, et probablement Xénophon était du nombre, se sentaient séduits par la gloire de fonder une colonie au milieu des barbares, une rivale des riches villes grecques du Bosphore, appelée sans doute à de plus hautes destinées, car quelle colonie avait jamais été fondée avec dix mille hoplites pour citoyens ? Cette gloire et cet avenir touchaient peu la masse des soldats. Les uns brûlaient de désir de revoir la terre natale ; d'autres, ne voulant pas rentrer chez eux les mains vides, proposaient de se louer à quelque roi ou satrape pour une solde avantageuse ; un grand nombre trouvait plus simple de se jeter sur quelque ville grecque du Bosphore et de la piller. D'un autre côté, les *harmostes* ou gouverneurs Spartiates, instruits qu'un gros corps de troupes avait atteint le rivage du Pont-Euxin, s'alarmaient de ses dispositions justement suspectes et cherchaient les moyens de s'en débarrasser, battus dans quelques expéditions témérairement entreprises et par détachements isolés, exclus de la plupart des villes grecques effrayées de leurs violences, les dix mille sentirent bientôt que leur union était toute leur force, et se résignèrent de nouveau d'assez bonne grâce à obéir à leurs chefs, qui, par leurs protestations de respect pour l'empire de Lacédémone, parvinrent à rassurer les harmostes et obtenir des vaisseaux pour les transporter en Europe. On les reçut assez mal à Bysance, où leur méchante réputation les avait précèdes ; ils furent contraints pour vivre de se louer à un roi de Thrace fort pauvre, mais avec lequel il y avait parfois de bonnes razzias à faire chez ses voisins. Enfin le gros de cette armée, diminuée par des désertions individuelles et par l'abandon de plusieurs petits corps qui profitaient d'occasions favorables pour retourner en Grèce, repassa une seconde fois en Asie et se mit au service de Lacédémone, en ce moment brouillée avec le grand roi, l'ancien ennemi des dix mille. Cette fin de leur expédition ne confirme-t-elle pas ce que j'avançais en commençant, à savoir que cette armée différait de toutes celles que la Grèce avait produites, précisément parce que l'esprit militaire y dominait le sentiment national ? La longue durée de la guerre du Péloponnèse avait créé des soldats dans un pays où l'on n'avait vu encore que des citoyens armés. La guerre était devenue une profession avouée, et bien des hommes, ainsi que Xénophon, la regardaient comme la plus noble de toutes. La fortune de quelques-uns des condottieri de Cyrus montra les avantages de cette carrière nouvelle. Depuis lors, l'Asie fut remplie d'aventuriers grecs, et c'est à ce pays que tous les hommes d'audace et d'ambition allèrent demander la gloire et la fortune.

À la fin de son huitième volume, M. Grote avait laissé Sparte parvenue à l'apogée de sa puissance, Athènes humiliée, et Lysandre donnant à toutes les petites républiques de la Grèce des gouvernements de son choix. Les deux volumes suivants, outre l'épisode des dix mille, contiennent le récit de la révolution nouvelle qui dépouilla Sparte du prestige qui l'entourait. Son triomphe n'avait point été le résultat de sa force matérielle, encore moins de la supériorité de sa politique. Elle avait dû ses succès aux fautes de ses adversaires, au génie et au bonheur d'un grand capitaine, enfin à l'organisation militaire de ses troupes, alors mieux exercées que celles de toutes les autres cités helléniques. Lycurgue avait voulu que ses Spartiates, sans cesse surveillés les uns par les autres, ne connussent d'autres jouissances que les satisfactions de l'orgueil. Inattaquables dans leur vallée du Taïgète, ils n'en devaient sortir que pour frapper de grands coups, sans laisser à l'ennemi le temps de connaître ses vainqueurs. Il leur avait défendu d'étendre leurs limites, et le renom d'invincibles était le seul avantage qu'ils devaient chercher dans les batailles. La dernière guerre, en assujettissant toute la Grèce, épuisa les forces de Sparte. Cette nation ne réparait point ses pertes, et ses familles, décimées par le fer, ne se recrutaient pas par des adoptions étrangères. À mesure que la fleur de ses guerriers était moissonnée, son aristocratie sentait croître son importance et grandir ses privilèges.

Bientôt ce ne fut plus un peuple, mais une caste. En même temps les victoires de Lysandre firent connaître aux Lacédémoniens une civilisation raffinée à laquelle jusqu'alors ils étaient demeurés étrangers. Éloignés de leur gymnase, débarrassés de la tutelle farouche de leurs vieillards, les Spartiates, envoyés dans les villes grecques ou asiatiques comme harmostes ou représentants de leur sénat dominateur, se familiarisèrent vite avec le luxe et ses jouissances. Ils s'y livrèrent avec l'emportement effréné de barbares délivrés d'une longue contrainte. Leur esprit exclusif, leur intolérance soupçonneuse, leur dureté militaire, leur mépris pour le reste des hommes, les rendaient partout odieux. Ils y joignirent, après la guerre du Péloponnèse, les violences les plus coupables et la cupidité la plus effrontée. Des soldats élevés au milieu de serfs toujours tremblants voyaient partout des hilotes, et se croyaient tout permis. La domination de Sparte fit regretter celle d'Athènes. Selon la remarque fort juste de M. Grote, les gouverneurs athéniens étaient retenus d'abord par la douceur de leur éducation nationale, puis ils savaient que tout acte arbitraire pouvait être dénoncé au peuple d'Athènes, juge souvent impartial, toujours sévère pour quiconque occupait un poste élevé. Abattre un homme puissant était un plaisir pour la démocratie athénienne ; elle épiait sans cesse ses actions ; elle avait des orateurs toujours prêts à tonner contre l'apparence même d'une faute. À Sparte, il en était tout autrement. Là, tout se faisait avec mystère. L'esprit de caste dictait les jugements, et il était avéré qu'un Spartiate ne pouvait être condamné par ses pairs ; les éphores eussent sacrifié tout un peuple avant de sévir contre un enfant de leurs vieilles familles.

À côté de ces vieilles familles auxquelles tous les honneurs, tous les privilèges étaient réservés, il y avait à Sparte une classe de citoyens pauvres, incapables d'exercer la moindre influence dans l'état, et cependant soumis, comme les autres, à la discipline de Lycurgue, admis à partager les périls de la guerre, mais tenus à toujours dans une honteuse infériorité. C'étaient les plébéiens. Au-dessous d'eux, il y avait encore deux classes, les *périoeques* ou les domiciliés, et les hilotes ou les serfs. Les plébéiens, plus rapprochés des familles gouvernantes, témoins jaloux de tous les avantages dont elles jouissaient, n'avaient pas contre l'aristocratie de Sparte une haine moindre que celle des autres Grecs. Au milieu de la paix profonde qui suivit les victoires de Lysandre, un plébéien nommé Cinadon forma le projet de détruire le gouvernement de sa patrie en soulevant les périœques et les hilotes. La conspiration fut découverte au moment où elle allait éclater. Les éphores punirent avec leur secret ordinaire un petit nombre de coupables ; mais, dans cette occasion, ils purent voir les sentiments du peuple qu'ils gouvernaient. « Plébéiens, domiciliés, hilotes, au rapport de Xénophon, étaient tous prêts à suivre Cinadon ; tous détestaient les Spartiates *et voulaient les manger crus.* »

Tandis qu'au dedans comme au dehors s'amassait une tempête formidable contre l'empire de Sparte, le relâchement des mœurs de la caste privilégiée lui faisait perdre parmi les Grecs l'estime mêlée d'aversion qui faisait la plus grande partie de sa force. Des conquêtes lointaines avaient éparpillé ses guerriers sur le continent européen et même en Asie. Les éphores, peut-être pour se débarrasser d'une jeunesse inquiète et dangereuse, commençaient la guerre contre le grand roi. Ils soulevaient les villes grecques de l'Asie Mineure, et leur offraient, non point la liberté, mais un protectorat presque aussi onéreux que la domination persane. Le moment de la plus grande puissance apparente de Sparte était celui de sa faiblesse réelle. Une insigne perfidie détermina une explosion qui devait délivrer la Grèce.

Phœbidas, capitaine Lacédémonien, traversait la Béotie avec un petit corps de troupes. Il trouva les Thébains agités par des factions et disposés à la guerre civile. D'abord il se posa en arbitre, entra dans Thèbes ; puis, avec l'aide de quelques mauvais citoyens, toujours prêts à recourir à l'étranger dans leurs discordes intestines, il s'empara par surprise de la citadelle et s'y fortifia. Le scandale et l'indignation furent énormes dans toute la Grèce, et ce qui y mit le comble, c'est que les éphores, tout en désavouant Ploebidas pour la forme, maintinrent et renforcèrent même la garnison lacédémonienne dans la citadelle de Thèbes. « L'action était blâmable, disaient les Spartiates, mais *utile*. » Ce mot répondait à tout, et levait tous les scrupules, si de tels hommes en eurent jamais.

Une si odieuse infraction du droit des gens eut la récompense qu'elle méritait. Thèbes jusqu'alors avait été sans influence politique ; on s'était accoutumé à la regarder comme un pays déshérité du génie hellénique, qui ne produisait que des athlètes ou des poètes, et qui ne pouvait donner à la Grèce ni un capitaine ni un homme d'état. Thèbes fut réhabilitée le jour où elle osa lever l'étendard de la révolte contre l'oppression lacédémonienne. Deux hommes éminents se révélèrent tout à coup, qui donnèrent à l'insurrection une force irrésistible. Pélopidas et surtout Epaminondas transformèrent la tactique. Avant eux, les batailles n'avaient été que des chocs où les plus braves, les plus adroits, les mieux exercés, remportaient la victoire ; ils firent des Thébains les soldats les plus manœuvriers de la Grèce. À la bataille de Leuctres, Épaminondas trompa les Lacédémoniens sur le point de son attaque, et tomba en masse sur une partie de leur ligne qu'il enfonça. Cette journée fit perdre à Sparte le vieux préjugé qui la faisait regarder comme invincible, et la moitié de ses alliés se tourna aussitôt contre elle. Dans une autre campagne, Épaminondas, surprenant les passages de la Laconie, faillit emporter Sparte, et fit trembler cette ville orgueilleuse, qui se vantait que ses femmes n'avaient jamais vu la fumée d'un camp ennemi. De dominateurs insolents, les Spartiates furent réduits à exciter la compassion d'une partie de la Grèce. Athènes craignit que si son ancienne rivale succombait dans la lutte, Thèbes, autrefois si méprisée, ne succédât à son empire et n'en usât pas avec plus de modération. On vit à Mantinée une armée athénienne combattre pour ceux qui naguère avaient asservi sa patrie. Là Epaminondas, renouvelant sa manœuvre de Leuctres, battit encore les Lacédémoniens ; mais à cette époque les généraux marchaient au premier rang et s'exposaient comme les moindres soldats. Au milieu de la mêlée, il fut frappé d'un coup mortel. Aussitôt le combat cessa, et les Thébains, s'arrêtant interdits, laissèrent l'ennemi se rallier en arrière. L'année précédente, Pélopidas s'était fait tuer dans une escarmouche où l'avait entraîné son bouillant courage. Privée de ses deux chefs, Thèbes retomba dans l'obscurité ; Athènes seule produisait plusieurs générations successives de grands hommes. Lorsqu'on rapporta Epaminondas dans sa tente, il demanda où étaient Daïphantus et Iollidas, deux de ses lieutenants. Ils venaient d'être tués. « Faites la paix, » dit-il à ses Thébains en expirant, car il voyait qu'ils n'auraient plus de chefs.

La Grèce n'en avait pas davantage. Les batailles de Leuctres et de Mantinée avaient brisé la domination Spartiate, mais sans y substituer un autre pouvoir. Chaque république, après la guerre, demeura indépendante, mais épuisée. Il n'y en avait plus une qui put prétendre à devenir la tête du corps hellénique ; et cependant le royaume de Macédoine, naguère considéré comme un pays barbare, grandissait et allait accabler de sa masse tous ces petits états divisés par leurs rivalités nationales, trop faibles pour résister à l'ennemi commun, trop jaloux les uns des autres pour se donner un chef qui rassemblât et dirigeât leurs forces dispersées.

Athènes et Sparte, qui obtinrent pendant quelque temps l'empire de la Grèce, en usèrent l'une et l'autre assez mal, et le perdirent promptement par leur faute. Peut-être était-ce une conséquence fatale des institutions helléniques qu'aucune cité ne put prendre de l'ascendant sur les autres sans en abuser. En effet, comment les citoyens de la ville dominatrice pouvaient-ils oublier leurs mœurs, leurs habitudes, leurs préjugés pour l'utilité ou le bien-être général ? Leur point de vue était trop étroit, leur attachement à leur patrie ressemblait trop à une affection de famille pour qu'ils consentissent à partager équitablement les avantages de leur position. D'un autre côté, la domination d'une cité sur les autres était d'autant plus intolérable qu'elle n'était ni fondée sur un droit ou sur une tradition antiques, ni appuyée par une force matérielle assez prépondérante pour décourager les tentatives d'opposition. Tous les Grecs se regardaient comme enfants d'une même race, descendants des mêmes héros, objets de la prédilection de dieux également vénérés. Entre les principales villes, il n'y avait que de légères différences de population. Leurs soldats ne se distinguaient qu'à peine par le plus ou moins de soin apporté à l'armement et aux exercices militaires. Une circonstance fortuite, un capitaine habile ou heureux pouvaient toujours élever une cité médiocre au rang des plus puissantes. C'est ce qui arriva pour Thèbes lorsque Epaminondas dirigea son armée. De là pour chaque ville l'espoir persistant d'un retour de fortune et un attachement exclusif à sa petite nationalité.

Après une bataille, les citoyens de la ville victorieuse traitaient comme des vassaux ceux de la ville vaincue. Tour à tour les Athéniens et les Lacédémoniens formèrent une espèce d'aristocratie parmi les Grecs, aristocratie pauvre et partant avide, qui demeura toujours indifférente aux intérêts des populations sujettes. Les barbares du Nord firent peser quelque temps un joug de fer sur l'Europe occidentale soumise par leurs armes ; cependant ils adoptèrent la patrie des vaincus, et bientôt combattirent pour son indépendance et pour sa gloire. Il n'en fut point ainsi dans la Grèce. Le Lacédémonien harmoste dans une ville alliée, l'amiral athénien chargé de lever les tributs sur les îles sujettes, les pressuraient peut-être moins cruellement que le Franc ne rançonnait les serfs qu'il avait conquis dans un coin de l'empire romain, mais ils restaient étrangers parmi le peuple subjugué, et le fruit de leurs rapines passait à Sparte ou bien à Athènes.

Les institutions de Rome ont, au premier abord, une analogie remarquable avec celles des petits états helléniques, et on peut s'étonner que des vices semblables n'aient pas amené les mêmes catastrophes. Doit-on attribuer les succès durables de Rome au bon sens propre à la race italique, ou bien à un heureux hasard ? C'est une question dont la solution est au-dessus de mes forces. Je remarque seulement que les premiers progrès de Rome furent beaucoup moins rapides que ceux d'Athènes ou de Sparte, et ce fut un bonheur pour la première. Ses conquêtes lentes et graduées n'en furent que plus certaines, et chacune lui servit de moyen et pour ainsi dire d'échelon pour en entreprendre de plus importantes. Dans tous les temps, sa politique fut de s'approprier les institutions qu'elle avait appréciées chez ses voisins, de fortifier son aristocratie par toutes les supériorités, d'accroître sa population en s'assimilant l'élite des petites nations qui l'entouraient. Elle attira dans ses murs la richesse et les talents de toute l'Italie, et ce ne fut qu'après avoir bien constaté l'accroissement de ses forces matérielles qu'elle étendit au loin ses conquêtes. Elle s'en assura la possession tranquille en y transplantant sans cesse l'excédant de sa population et en garnisonnant de ses colonies les provinces subjuguées par ses armes. Cette prudente politique fut inconnue à la Grèce. Loin de songer à augmenter sa population, chaque cité hellénique se montrait si jalouse de ses droits, qu'elle excluait de son sein les étrangers qui auraient pu lui être le plus utiles. Les antiques institutions de la Grèce semblent témoigner même de la crainte d'un accroissement de citoyens. Les colonies grecques ne conservaient que des liens très faibles avec leur métropole. Loin d'être des postes avancés pour des conquêtes futures, elles étaient plutôt un exil pour l'excédant de population de la cité mère. Aucune ville grecque, à l'exception de Sparte, n'eut un sénat comparable à celui de Rome, où les traditions gouvernementales, comme on dirait aujourd'hui, se transmettaient de génération en génération. Le hasard de la naissance ou bien un choix arbitraire composait le sénat de Lacédémone ; aussi les préjugés, l'entêtement, le mépris du progrès, furent toujours les vices caractéristiques de cette assemblée. Le sénat de Rome se recrutait parmi ses adversaires mêmes. Le tribun démocrate, devenu sénateur, prenait dans la curie l'esprit de corps et le respect des institutions qu'il avait d'abord combattues. Le patricien, averti sans cesse par ses nouveaux collègues des dispositions de l'esprit public, s'appliquait à conjurer les révolutions par des concessions opportunes. Le sénat enfin, continuellement rajeuni, absorbait tous les partis en lui-même et les dominait par la puissance de ses vieilles traditions. Je ne crois pas qu'aucune compagnie ait réuni dans son sein et plus heureusement combiné deux éléments nécessaires à la grandeur d'un état, l'esprit de conservation et l'esprit de progrès.

Le fractionnement de la Grèce en petites républiques et son incurable répugnance à la centralisation dans le gouvernement diminuèrent sensiblement ses forces comme nation, mais favorisèrent au plus haut degré le développement des talents individuels ; aucun peuple, en effet, n'a eu la gloire de produire tant d'hommes éminents en tous genres. Au moyen âge, les républiques italiennes offrirent un spectacle semblable. Comme la Grèce, elles furent une proie facile pour les peuples qu'elles appelaient barbares, et qui savaient se former en masses compactes. Est-ce une loi de nature que la puissance d'une nation soit incompatible avec la supériorité d'intelligence des individus ?

Chapitre VI

La fin de l'automne grecque : Philippe et Alexandre

Un grand et beau travail dont nous avons plusieurs fois entretenu nos lecteurs est aujourd'hui terminé. Arrivé à la fin de son *Histoire de la Grèce*, M. Grote a peine à contenir un sentiment de tristesse et de découragement ; Gibbon avait éprouvé la même impression en écrivant les dernières lignes de *la Décadence et de la Chute de l'Empire romain*. En effet, pour un homme d'étude qui a passé une partie de sa vie sur un sujet de prédilection, l'abandonner, même pour le produire devant le public, c'est rompre une habitude chérie ; il éprouve une émotion qui, doit ressembler un peu à celle d'un père qui se sépare de sa fille pour la marier. Tout cela, M. Grote l'a ressenti, je pense, mais avec une douleur de plus. Épris de la Grèce libre et florissante, il lui faut aujourd'hui raconter ses défaites et son avilissement. Ces républiques modèles, qui ont donné de si mémorables exemples de courage, de magnanimité, et qui plus est, de sagesse et de bon sens, il lui reste à dire comment, s'abandonnant elles-mêmes, elles subirent le joug d'un peuple qu'elles avaient longtemps méprisé. Un siècle et demi après avoir repoussé la plus formidable invasion du grand roi à la tête des forces de toute l'Asie, la Grèce succombe sous les coups d'un petit souverain qu'autrefois elle aurait à peine admis à l'honneur de son alliance. Avocat de la démocratie intelligente et honnête, M. Grôte voit avec douleur la transformation qu'elle a subie en peu d'années. La Grèce, au IVe siècle avant notre ère, est encore le centre de la civilisation ; elle possède peut-être la force matérielle, mais, divisée par vingt petites ambitions rivales, elle va tomber inévitablement au pouvoir d'un soldat habile et persévérant.

La Macédoine, relativement à la Grèce, se trouvait à certains égards dans une position assez semblable à celle de la Russie vis-à-vis de l'Europe occidentale. Un peuple pauvre, grossier, étranger à la civilisation hellénique, était gouverné par des chefs initiés à tous les raffinements de cette civilisation. Les idées qui passionnaient les républiques grecques n'avaient aucun écho au-delà du Pénée. Là nul danger qu'un orateur ou qu'un philosophe renversât un trône avec une théorie politique. Spectateurs attentifs des agitations incessantes de leurs voisins, les rois de Macédoine recueillaient avec empressement quelques-uns des résultats matériels de leurs progrès, sans les acheter par des révolutions. Ils s'efforçaient d'attirer dans leur petite cour les beaux esprits de la Grèce, qui les amusaient, les louaient, les faisaient connaître, impuissants d'ailleurs à pour la sauvagerie macédonienne. Les poètes, les grands artistes, les acteurs illustres, étaient accueillis avec distinction à Pella, où on ne les comprenait guère sans doute. Archelaüs appelait Euripide auprès de lui ; Perdiccas était en correspondance avec Platon, comme Catherine

II avec Voltaire. Les philosophes et les poètes grecs apprenaient peut-être quelque chose aux rois de la Macédoine, mais ils demeuraient ignorés du peuple, lorsqu'ils n'en étaient pas détestés, comme Euripide, que les courtisans d'Archelaüs, sans respect pour ses vers, firent manger aux chiens.

On ne sait pas bien si les Macédoniens doivent être rangés parmi les Grecs ou parmi les barbares ; et la question tient encore les doctes en suspens. Quelques-uns ont cru voir dans cette nation un rameau de la mystérieuse race pélasgique, si utile aux ethnographes pour combler les lacunes de renseignements historiques : D'autres en font la souche d'une race non moins mystérieuse, celle des *Skypetars* ou des Albanais modernes. Pour moi, s'il fallait énoncer une opinion, je pencherais à les considérer comme un mélangé de tribus helléniques et barbares ; Officiellement dans le monde antique la question avait été décidée en faveur des rois de Macédoine, car ils étaient admis aux jeux olympiques ; mais outre les arguments irrésistibles, qui ne leur manquèrent jamais, ils pouvaient faire valoir leur descendance de héros et de demi-dieux. Quant à la masse de la nation, avant le règne de Philippe, je ne pense pas que les Grecs en fissent beaucoup plus de cas que des Illyriens ou des Thraces, peuples contre lesquels les Macédoniens étaient en guerre depuis un temps immémorial, et avec lesquels ils avaient cependant une grande conformité de mœurs. La langue macédonienne, intelligible peut-être pour un Athénien ou un habitant du Péloponèse, n'était pas honorée du nom de dialecte.

Quant au gouvernement, il n'avait rien d'hellénique. Les rois de Macédoine paraissent avoir été des autocrates dont le despotisme n'était tempéré que par des traditions patriarcales et par le caractère peu endurant et vindicatif de leurs sujets. Le risque d'un assassinat, accident assez fréquent parmi ces souverains, était le principal frein apporté à leur autorité. Auprès d'eux, de même que chez les rois asiatiques, les enfants des familles les plus distinguées acceptaient des fonctions que les Grecs eussent considérées comme serviles. Ainsi la plupart des chefs commençaient par être pages ou gardes du roi ; mais un trait des mœurs macédoniennes qui nous rappellera les mœurs des barbares du Nord, c'est l'influence qui paraît avoir été exercée par les femmes. Du moins l'histoire nous montre plusieurs princesses prenant part aux intrigues qui agitent leur pays. En général, leur rôle est cruel et violent, mais enfin elles ne sont pas des machines à filer, comme dans la Grèce polie. Dans un pays si pauvre, il n'y avait pas sans doute de gynécées ; hommes et femmes vivaient ensemble sous l'autorité du chef de famille, et les femmes avaient pris quelque chose de la férocité de leurs frères et de leurs maris. Aujourd'hui encore en Albanie, les femmes, même musulmanes, jouissent de plus de liberté qu'en aucune autre province, et le fameux Ali-Pacha fut, dit-on, excité à de sanglantes vengeances par sa mère et sa sœur.

Comme soldats, les Macédoniens n'avaient encore aucune réputation. Leur cavalerie, qui se recrutait parmi la noblesse, ne valait pas la cavalerie thessalienne ; quant à l'infanterie, c'était une multitude sans ordre, mal armée, incapable de se mesurer avec des hoplites grecs. Cependant, accoutumés à une vie rude et aventureuse, les Macédoniens avaient toutes les qualités qui font les bons soldats. Il ne leur manquait que la discipline et un chef. Ce chef fut Philippe.

Philippe, troisième fils d'Amyntas, roi de Macédoine, fut à l'âge de quinze ans remis comme otage aux Thébains, au moment où ce petit peuple commençait à obtenir en Grèce une prépondérance marquée aux dépens de Lacédémone et d'Athènes. Il y avait alors assez peu d'apparence qu'il parvînt jamais au trône ; pourtant, comme les successions n'étaient pas fort régulières dans son pays, qu'il semblait intelligent, résolu et disposé à mettre à profit les occasions, il fut dans la Béotie un personnage important. L'éducation qu'il reçut à Thèbes, chez un des principaux citoyens, fut celle des jeunes Grecs de bonne famille destinés à jouer un rôle dans leurs petites républiques. Philippe eut des maîtres d'éloquence et de philosophie. Je ne sais s'il avait beaucoup de goût pour ces études et si elles lui furent fort utiles ; mais ce qui eut une influence considérable sur toute sa carrière, c'est qu'il vécut pendant plusieurs années dans la familiarité de Pélopidas et d'Épaminondas, les deux plus grands hommes de guerre de leur temps. Le dernier avait fait dans la tactique une révolution que peu de gens avaient encore appréciée. Avant lui, deux armées s'abordaient en masse, où plus souvent bataillon contre bataillon. Une mêlée s'ensuivait, et la troupe qui s'en dégoûtait le plus vite prenait le parti de la retraite. Le courage, l'adresse, la force physique des soldats décidaient du sort des batailles. Placés au premier rang, les généraux payaient d'exemple et ne commandaient pas. Épaminondas imagina de manœuvrer. À la bataille de Leuctres, il porta sur un point de la ligne ennemie une force irrésistible l'enfonça, et les Lacédémoniens, malgré leur courage et leur ténacité, durent céder devant un adversaire qui, attaquant leurs corps l'un après l'autre, se trouvait supérieur en nombre par tout où l'on se battait. Les leçons d'Épaminondas ne furent pas perdues pour Philippe. Il avait vu de près l'organisation de la milice thébaine, et il se promit de l'imiter en la perfectionnant. Braves et solides, mais peu intelligent et dépourvus d'initiative, les Macédoniens étaient fort propres à combattre en masse compacte, inférieurs aux Grecs lorsqu'il s'agissait d'engagements isolés, où chaque homme n'a pour se diriger que ses inspirations. Ce fut sur le principe de la phalange thébaine que Philippe conçut la fameuse phalange macédonienne, espèce de rocher mouvant, qui, une fois lancé, devait tout renverser sur son passage. Jusqu'à la formation de la légion romaine, la phalange fut invincible.

De retour dans son pays, Philippe se fit donner le commandement d'un petit corps de troupes qu'il disciplina, qu'il instruisit à sa guise, et qu'il eut bientôt aguerri dans des escarmouches continuelles avec les barbares voisins de la Macédoine. Déjà il avait obtenu des succès, et s'était fait une réputation militaire, lorsque son frère, le roi Perdiccas, mourût, laissant pour héritier du trône un fils encore au berceau. Philippe fut nommé régent, et l'on ne tarda pas à reconnaître qu'il gouvernerait encore mieux étant foi ; il le fut, et tout aussitôt possesseur paisible, nonobstant quelques parents incommodes, dont il se débarrassa selon les us de son pays.

Tandis que se formait sous sa direction en Macédoine une milice supérieure, pour la discipline et pour l'équipement, atout ce que le monde antique possédait alors, les institutions militaires de la Grèce présentaient le spectacle d'une rapide décadence. — Les dernières guerres entre Sparte et Thèbes avaient épuisé les deux nations. Sparte n'avait pu se relever des coups qui lui avaient été portés à Leuctres et à Mantinée. Privée d'Épaminondas enseveli dans son triomphe, Thèbes avait encore des soldats vaillants et fiers de leurs exploits, mais il ne lui restait plus un général pour les commander. Elle avait recueilli pour, tout fruit de ses victoires la jalousie et la haine des autres républiques ses rivales, déchues maintenant de leur ancienne renommée. Athènes, quelque temps subjuguée, avait reconquis son indépendance, mais sans retrouver les forces et l'énergie qui l'avaient autrefois placée à la tête des peuples helléniques. Toutes les cités grecques, tour à tour dominatrices et accablées de revers désastreux, conservaient encore leur orgueil, leur ambition, leur patriotisme égoïste ; mais elles se méfiaient maintenant de la fortune, et toutes éprouvaient, une lassitude bien près du découragement. Partout les progrès du luxe, l'amour du bien-être, l'appât du gain qu'offraient le négoce et l'industrie avaient notablement affaibli leurs dispositions belliqueuses.

On sait qu'aucune république grecque n'avait d'armée permanente. Tant que les Grecs furent pauvres, ils firent la guerre avec résolution. Tous les citoyens s'exerçaient aux armes, et ils connaissaient à peine une autre profession. D'ailleurs, pendant assez long temps, les guerres ne furent que de rapides incursions où rarement on perdait de vue sa frontière. Lorsque des expéditions se hasardèrent dans le Pont, sur les côtes d'Asie, en Sicile, l'espoir d'un riche butin soutenait le zèle des citoyens enrôlés ; mais à mesure que l'art de la guerre se perfectionna, les campagnes devinrent plus longues, plus difficiles et moins profitables. Eu même temps l'industrie et le commerce avaient pris un grand développement. La fabrication d'objets de luxe ou de première nécessité, abandonnée autrefois à des étrangers ou à des esclaves, occupait alors beaucoup d'hommes libres et de citoyens. La plupart des Athéniens riches possédaient des fabriques ; le père de Démosthènes, par exemple, en dirigeait deux assez considérables. Pour la génération nouvelle, la guerre était de venue un mal bien plus grand qu'elle ne le paraissait aux contemporains de Périclès.

Cependant il y avait en Grèce un certain nombre d'hommes qui ne connaissaient d'autre métier que celui des armes. Pour la plupart, c'étaient des exilés qui n'avaient aucun moyen d'existence. Les dernières révolutions de la Grèce en avaient prodigieusement accru le nombre. Ainsi Thèbes, après avoir soumis une partie de la Béotie, avait violemment expulsé tous les citoyens qui avaient résisté à ses armes. Parfois des villes entières avaient été dépeuplées et leurs habitants forcés de s'expatrier en masse : c'est ce qui était arrivé pour Platée et bien d'autres villes. Lorsque Épaminondas avait rendu la Messénie aux exilés messéniens, il avait fait bien d'autres exilés, en chassant les familles qui, depuis un grand nombre de générations, occupaient ce territoire conquis par Sparte à une époque voisine des temps héroïques. Aux victimes des bouleversements politiques se joignaient force mauvais sujets, très justement chassés de par les lois. Enfin le goût des aventures entraînait encore dans toute guerre un certain nombre déjeunes gens qui ne trouvaient pas à employer leur activité dans leur patrie. Tous ces hommes louaient leurs services à qui voulait les payer ; la plupart allaient en Asie et se mettaient à la solde de quelque satrape. Le service du grand roi ou de ses ministres passait alors pour mener à la fortune, surtout depuis que quelques soldats de l'armée des *dix mille* étaient revenus dans leur pays, montrant de beaux dariques gagnés à la pointe de l'épée. Bannis et aventuriers s'organisaient sous la conduite de quelque capitaine en renom qui en trafiquait au plus offrant, comme firent au XIVe et au XVe siècles les *condottieri* italiens.

Lorsque la guerre éclatait entre deux républiques grecques, sur tout lorsqu'il s'agissait d'expéditions lointaines, beaucoup de citoyens, au lieu de laisser leurs affaires pour, prendre les armes, trouvèrent plus commode de louer les bras de ces gens si amoureux de batailles. On disait que leur sang était moins précieux que celui des citoyens, qu'accoutumés aux armes, ils étaient préférables pour faire la guerre ; enfin qu'on pouvait compter sur leur fidélité, parce que la plupart, prenant parti contre le pays qui les avait exilés, avaient tout à craindre, s'ils se laissaient battre. Xénophon, dans son traité *du Commandement de la cavalerie*, conseille aux Athéniens, à la vérité d'une manière prudemment obscure, d'enrôler un corps de bannis de Thespies et de Platée pour faire la guerre aux Thébains ; il ne les nomme pas et les désigne seulement par ces mots : « les hommes qui haïssent le plus nos ennemis. » Quelques années plus tard, on y mettait déjà moins de façons, et à la première alarme on levait des mercenaires, au lieu de convoquer les milices nationales. Quelquefois on leur donnait pour chef un général élu par le peuple ; mais souvent on traitait avec un capitaine d'aventure, et on le chargeait de conduire la guerre. Ainsi le moment où la Macédoine allait se présenter sur les champs de bataille avec une armée d'élite était précisément celui où les républiques grecques allaient cesser de se défendre par le courage de leurs enfants.

L'avantage d'une armée nationale et solidement organisée n'était pas le seul qu'eût Philippe contre les cités helléniques. Il pouvait facilement couvrir ses projets du mystère le plus profond Ses alliés, ses lieutenants mêmes ne connaissaient ses ordres qu'au moment de les exécuter, tandis que dans la Grèce toutes les résolutions politiques se prenaient sur l'Agora, en présence des espions du Macédoinien. Il était passé maître dans l'art de corrompre les hommes et prodiguait l'or dans un pays où il était ardemment convoité. Même aux plus beaux jours de son histoire, nous avons vu que la Grèce ne compta qu'un petit nombre d'hommes purs et intègres. M. Grote n'hésite point à croire qu'une grande partie des orateurs d'Athènes était à la solde de Philippe. À l'égard d'Eschine, il prouve le fait jusqu'à l'évidence, et il a pris quelque peine à justifier Démosthènes lui-même de tout soupçon. Au reste, je ne sais s'il n'attribue pas à la corruption une part trop grande dans les succès de Philippe. Dans toutes les républiques grecques, il avait des partisans qu'il ne payait pas. Partout en effet il se trouvait deux factions rivales, dont la plus faible était prête à pactiser avec l'étranger. Le gouvernement de la parole, tel qu'il existait dans presque toutes les villes helléniques et surtout à Athènes, avait fait deux camps dans chaque cité. Tout mouvement qui se faisait d'un côté amenait un mouvement en sens contraire, et il suffisait que Démosthènes dénonçât l'ambition du roi de Macédoine pour qu'aussitôt un orateur, son rival, s'empressât de le justifier. Contredire systématiquement et en toute occasion, ses adversaires était la tactique la plus ordinaire dans ces duels d'éloquence sur la place d'Athènes. Chez une nation mobile et amoureuse de la forme, toute discussion pouvait procurer un succès oratoire, et c'est ce que l'on cherchait par-dessus tout. Grâce à d'habiles rhéteurs, l'éloquence avait été cultivée, non comme un instrument pour venir en aide à la raison, mais pour en tenir lieu. Persuader était un art qu'on apprenait par principes, indépendamment de la vérité ; peut-être même trouvait-on plus de mérite à plaider le faux, car toute la gloire du succès appartenait alors à l'orateur qui l'avait fait prévaloir. Il y avait de beaux esprits faisant métier de fabriquer des discours pour tous acheteurs, et Démosthènes lui-même en composait, qu'il cédait à ses amis pour de l'argent. D'autres enseignaient les mouvements passionnés qui pouvaient attendrir des juges qu'enflammer une assemblée politique. Cet art de l'éloquence, que beaucoup de gens étudiaient pour la gloire et le profit, et que tons appréciaient comme une merveilleuse manière de passer le temps, n'avait pas peu contribué à fausser le bon seps naturel du peuple grec, et à dénaturer ces institutions démocratiques, inventées dans un temps où les hommes étaient simples et tenaient plus au fond des choses qu'à l'apparence. Dans Athènes surtout, chef-lieu de l'éloquence, les citoyens s'étaient accoutumés à regarder la tribune aux harangues comme une scène où comparaissaient tour à tour d'excellents acteurs. Ils se sentaient touchés, mais comme on l'est au théâtre, sans perdre la conscience qu'on assiste à une fiction. Au lieu de peser les raisons, on jugeait les paroles, et à force d'entendre des arguments pressants et pathétiques, on finissait par n'être jamais convaincu. Pour la masse du public d'ailleurs, que de difficultés pour décider entre deux partis, défendus chacun par d'habiles orateurs, qui épuisaient l'un contre l'autre toutes les subtilités de leur art, qui exposaient avec une fatale adresse les côtés faibles de leurs adversaires ! Après un débat prolongé tant par l'incertitude de la question que par le plaisir de l'entendre trader, le moment arrivait de prendre une résolution. Alors toutes les considérations de tranquillité, d'économie, de prudence, reprenaient leur empire. Les mesures hardies et décisives étaient écartées, le parti vaincu dans la discussion trouvait toujours le moyen d'embarrasser le vainqueur, et ce n'était qu'au dernier moment, presque toujours trop tard, en présence de la nécessité, qu'on adoptait des mesures énergiques.

C'est ce qui arriva dès les premières années du règne de Philippe. Démosthènes devina de très bonne heure son ambition et la dénonça aux Athéniens. Les *Olynthiennes* acquirent à leur auteur une immense réputation, mais on ne suivit pas les conseils généreux de l'orateur, et lorsque les événements eurent confirmé ses prévisions et justifié ses craintes, lorsqu'il ne fut plus possible d'endurer les agressions de Philippe, on lui fit la guerre, mais si mollement, que loin de retarder ses progrès, on ne parvint qu'à l'irriter et à lui montrer qu'on était impuissant à lui tenir tête. Une paix honteuse suivit une guerre mal conduite, dans laquelle Athènes épuisa son trésor, tout en refusant à ses généraux les moyens de faire de grandes choses (346 avant Jésus-Christ). L'économie, toujours si préconisée dans les démocraties, était alors imposée par un motif étrange. Tapais qu'Athènes combattait pour son indépendance, elle réservait le plus clair de ses revenus pour ses fêtes nationales : elles étaient à la fois un devoir religieux et un amusement pour le peuple. Toucher à ces fonds eût été un sacrilège. Il fallut bien s'y résoudre, mais il était déjà trop tard pour sauver la patrie.

M. Grote considère Démosthènes non-seulement comme le prince des orateurs, mais encore comme un grand politique. Ses vues étaient élevées, son patriotisme sincère, moins exclusif assurément que celui de la plupart des Grecs, car il voulait non-seulement l'indépendance d'Athènes, mais encore celle de toute la Grèce. Malheureusement il n'était point homme de guerre, ni peut-être homme d'action. Les mesures les plus utiles qu'il parvenait à faire adopter étaient exécutées par des gens qui souvent n'en comprenaient pas la portée ; quelquefois même elles étaient abandonnées à ses ennemis, qui ne s'appliquaient qu'à contrarier ses desseins. Toutes les démocraties sont méfiantes, et c'était une des idées de la politique populaire des Athéniens de ne jamais accorder une confiance absolue à un de leurs hommes d'état. Suivre ses conseils, c'était, pensait-on, lui accorder déjà une bien grande influence, et il eût paru imprudent de lui donner l'autorité nécessaire pour les faire réussir. Le chef-d'œuvre de cette politique, c'était de prendre les idées d'un parti et de charger un autre parti de les mettre à exécution. C'est ainsi qu'après s'être décidé pour l'expédition de Sicile, le peuple en donna la direction à Nicias, qui avait tout fait pour l'empêcher. On sait quel en fut le succès, mais cet exemple n'avait convaincu personne. Démosthènes, dans plusieurs missions importantes, eut pour collègues ses adversaires déclarés, qui mirent tout en œuvre pour le perdre. N'ayant pour toutes armes que son éloquence, pouvait-il faire plus qu'il ne fit ? Je ne le crois pas. La lutte était trop inégale, et il devait nécessairement y succomber.

Phocion possédait quelques-unes des qualités qui manquaient à Démosthènes. S'il l'eût franchement secondé, si ces deux hommes, qui pouvaient se compléter l'un par l'autre, eussent marché d'accord, ils auraient réveillé peut-être chez les Athéniens l'antique énergie qui les animait pendant la guerre du Péloponèse. Phocion, que tous nos souvenirs de versions et de thèmes nous représentent comme l'image de la vertu parfaite dans une époque de décadence, Phocion a été jugé fort sévèrement par M. Grote, mais, après tout, ce me semble, assez justement. Sans doute il rend hommage à sa probité, qui, chez le peuple le plus soupçonneux, ne fut jamais mise en doute, mais qu'a-t-il fait pour son pays ? Le rat retiré dans un fromage, en voyant promener ses camarades mourant de faim, serait le portrait de Phocion, si Phocion avait eu un fromage. Il était pauvre, fier de l'être, insensible à tous les besoins, toujours prêt à sacrifier sa vie, mais plein de mépris pour ses compatriotes ; il les croyait tombés trop bas pour qu'il se donnât la peine de les retirer du bourbier. « Vous n'avez pas le courage qu'il faut à des hommes libres, disait-il à ses concitoyens. Apprenez à être esclaves. Pourquoi braver, lorsque vous êtes hors d'état de vous défendre ? » Il y a un proverbe alba nais fort caractéristique : « Baise la main que tu ne peux couper. » C'est le conseil que donnait Phocion aux

Athéniens. Dans son âme de fer il y avait un fonds d'égoïsme. Il savait qu'il n'était pas souillé par la bassesse de ses contemporains, et à son insu peut-être il n'était pas fâché d'un contraste qui le faisait valoir. Phocion fut, involontairement et sans s'en douter, un des auxiliaires de Philippe. Il prêchait la paix à tout prix parce qu'il ne croyait pas qu'Athènes eût l'énergie de faire la guerre ; Démosthènes prêchait la guerre parce qu'il voulait avant tout l'honneur d'Athènes. Tiraillés entre Démosthènes et Phocion, les Athéniens ne surent faire à propos ni la guerre ni la paix.

Quelque glorieuse qu'eût été pour Philippe la paix de 346, il était encore loin cependant d'avoir obtenu tous les résultats qu'il attendait de la guerre. Il s'était fait admettre à la vérité comme membre du corps hellénique, et il avait prouvé qu'il était le plus fort ; mais sa domination n'était pas encore reconnue, et pour lui faire perdre toute son influence sur la Grèce, il suffisait que les républiques, jadis puissantes, aujourd'hui divisées par leurs rivalités, s'alliassent sincèrement pour repousser l'ennemi commun. Lorsqu'il conclut le traité de paix, il n'était pas sans doute en position d'exiger plus qu'il n'obtint. L'histoire de cette époque est fort obscure, et il a fallu toute la sagacité et la vaste érudition de M. Grote pour parvenir à y jeter quelque lumière. Pour tous renseignements, on n'a guère que des lambeaux des discours des principaux orateurs. Après le témoignage des poètes, celui des orateurs est assurément le moins exact et le moins véridique qu'un historien puisse consulter. C'est pourtant le seul dont on dispose aujourd'hui, et ce n'est pas un petit mérite à M. Grote d'avoir tiré de harangues suspectes une foule de faits, qui, contrôlés par sa critique judicieuse, doivent aujourd'hui prendre place dans l'histoire. Il paraît évident que Philippe, en 346, pressé par les barbares, ses voisins du nord, sentit le besoin d'une trêve avec les Grecs. Il se réservait d'achever plus tard l'entreprise qu'il avait si heureusement commencée.

Ce fut pendant l'intervalle de quatre ou cinq ans qu'il laissa respirer la Grèce que se produisit une idée politique destinée à avoir bientôt les conséquences les plus extraordinaires. Un grand publiciste de ce temps, Isocrate, que sa timidité éloignait de la tribune aux harangues, mais qui savait écrire de beaux discours, fit alors un pamphlet qui émut la Grèce. Il prêchait la concorde. Il engageait Athènes, Sparte, Thèbes à oublier leurs vieilles querelles et à s'unir contre l'ennemi commun de la Grèce, — le roi de Perse. La retraite des dix mille et les expéditions d'Agésilas en Asie avaient montré la faiblesse de l'empire du grand roi. Un général à la tête des troupes grecques pouvait abattre ce colosse décrépit, et ce général, quel pouvait-il être, sinon Philippe ? Voilà ce que disait Isocrate. Il est difficile de savoir si l'illustre écrivain voulait éloigner de la Grèbe le roi d Macédoine, ou bien s'il s'était laissé séduire par lui pour demander à son profit le rôle d'Agamemnon. À cette époque, le grand roi ne pensait nullement à la Grèce ; il était fort empêché à soumettre l'Égypte révoltée ; et la guerre se faisait sur la frontière de Syrie avec des *condottieri* grecs que payaient les Perses et les Égyptiens. Que ce projet de conquérir l'Asie-Mineure vînt des Grecs où de Philippe, Philippe l'adopta avec empressement, et s'en fit un prétexte pour demander le titre de généralissime ou plutôt les droits de souverain sur toute la Grèce. Pourtant il ne devait pas les obtenir sans combat. Il y eut une lutte suprême ; courte, mais décisive. La bataille de Cheronée consacra définitivement la suprématie de la Macédoine.

En vingt-trois ans de règne, Philippe avait agrandi et plus que doublé son royaume. Chez ses voisins barbares, qui lui avaient d'abord donné tant d'occupation ; de même que chez les Grecs, toute idée de résistance avait disparu. Au nord comme au midi, il ne voyait plus que des peuples découragés et presque résignés à leur abaissement. Les Athéniens, qui avaient un moment joint leurs armes à celles des Thébains, les avaient déposées humblement aussitôt après la défaite de Chéronèe, et s'efforçaient, par la promptitude de leur soumission, de faire oublier leurs velléités belliqueuses. Philippe avait des troupes nombreuses, aguerries et fidèles ; ses finances étaient en bon état ; il était maître d'ailleurs de puiser dans les trésors des villes qu'il avait vaincues ; et leur marine était à sa disposition. Cette expédition d'Asie, inventée peut-être comme un prétexte à son ambition, devint aussitôt son idée fixe, et il songea sérieusement à tourner toutes ses forces de ce côté. Dès qu'il eut pacifié la Grèce et qu'il l'eut organisée à sa manière, il fit passer en Asie une forte division de son armée sous les ordres d'Attale, son beau-frère, et de Parménion ; et il annonça l'intention de la suivre de près.

Il semblait certain que les soldats qui venaient de vaincre la légion thébaine auraient bon marché des multitudes sans discipline que le grand roi pourrait leur opposer, mais d'un autre côté toute la puissance de Philippe était concentrée en lui-même. Une flèche lancée au hasard pouvait le frapper, et alors, dans les prévisions de tous les politiques du temps, l'anarchie la plus complète devait succéder à l'ordre qu'il avait établi. Dès que la terreur de son nom n'existerait plus, Grecs et Barbares secoueraient le joug. Privés de leur grand capitaine, les Macédoniens allaient retomber au rang qu'ils occupaient autrefois, et ce royaume si redoutable sous le sceptre de Philippe serait infailliblement déchiré par une guerre civile. Rien de plus incertain que l'héritage qu'il laisserait. Fort jeune, Philippe avait épousé Olympias, sœur d'un roi des Epirotes. C'était une femme d'un caractère emporté et haineux qui se rendit insupportable à son mari. Il la répudia pour épouser Cléopâtre, une de ses sujettes, et elle venait de lui donner un fils. De son premier mariage était né le fameux Alexandre. Il avait vingt ans en 336 et n'était guère connu en Grèce que par la bravoure dont il avait fait preuve à la bataille de Chéronée. (C'était la division qu'il commandait qui avait la première fait plier les Thébains. D'ailleurs ceux qui l'approchaient avaient observé la violence de son caractère, son entêtement, son impatience de toute contradiction. Cependant il rachetait ces défauts par un certain enthousiasme chevaleresque qui lui faisait ambitionner toutes les sortes de gloire, depuis celle de monter un cheval difficile jusqu'à celle de se dompter lui-même. Le fils et le père avaient de violentes querelles. Lors du second mariage de Philippe, Attale ; frère de Cléopâtre, à la fin d'un banquet, prolongé selon l'usage macédonien ; fit une libation, et demanda aux dieux de donner bientôt un fils *légitime* à Philippe. Il y avait quelques doutes en effet sur l'origine d'Alexandre ; et plus tard ses flatteurs en profitèrent, comme on sait ; pour le faire fils d'un dieu". Alexandre ; un peu ivre comme tous les convives, jeta sa coupe à la tête d'Attale. Philippe, encore plus ivre, saisit son épée, mais, en sautant de son lit pour frapper son fils ; il trébucha et tomba sur le parquet. — « Voyez-vous cet homme qui se prépare à passer d'Europe en Asie, s'écria Alexandre, et qui ne peut pas même passer d'un lit à un autre ! » Ces scènes d'intérieur montrent ce qu'était la cour de Macédoine. À la suite de cette fête, qui avait failli finir tragiquement, Alexandre avait emmené sa mère en Épire, et lui-même s'était exilé chez les Illyriens. Cependant on parvint à réconcilier le père et le fils du moine en apparence ; mais Alexandre continuait ses incartades, Philippe le traitait avec dureté et donnait toute sa confiance à Attale et aux autres parents de Cléopâtre. Nul doute que si une mort prématurée venait surprendre Philippe, la Macédoine ne se partageât entre ses deux enfants. L'aîné semblait devoir être sacrifié au fils de Cléopâtre, et Attale, qui commandait déjà l'élite des troupes, serait désigné, selon l'opinion générale, pour prendre les rênes du gouvernement pendant la minorité de son neveu. Il était probable qu'Alexandre chercherait à faire prévaloir ses droits d'aînesse, et le trône resterait à celui que l'armée adopterait.

Philippe cependant, plein de confiance dans sa fortune, était loin de songer à régler sa succession et ne pensait qu'adresser ses préparatifs pour passer en Asie. Toutefois, avec sa prudence ordinaire, il s'appliquait à ne laisser derrière lui aucune cause de désordre, et comme il redoutait l'influence qu'Olympias pouvait exercer, pendant son absence, sur son frère, le roi des Epirotes, il voulut gagner ce prince en lui donnant une de ses filles en mariage (Cléopâtre, fille d'Olympias). Cette union fut célébrée par de grandes fêtes où assistèrent Olympias et Alexandre. De toutes les villes de la Grèce étaient venues des députations pour féliciter le roi de Macédoine. Les plus grands acteurs, les plus célèbres athlètes, devaient figurer aux jeux donnés à cette occasion. On porta en procession dans le théâtre les statues des douze grands dieux. Puis venait une treizième statue, celle de Philippe, qui se laissait ainsi faire son apothéose. Il parut enfin lui-même, entouré de sa famille, vêtu d'une robe blanche, radieux et comme enivré des acclamations de la foule. Tout à coup un de ses gardes du corps, nommé Pausanias, s'approche de lui à l'entrée du théâtre, tire une épée gauloise, la lui enfonce dans la poitrine jusqu'à la garde, et disparaît au milieu de la stupéfaction générale. Un cheval l'attendait à peu de distance du théâtre, et des relais étaient préparés par des complices ; mais en courant il s'embarrassa le pied dans un cep de vigne, trébucha, et deux capitaines macédoniens le tuèrent sur-le-champ. À peine Philippe était-il tombé, qu'un ami de Pausanias, nommé Alexandre le Lyncestien, garde du corps comme lui, présenta le bandeau royal au fils d'Olympias, et le premier poussa le cri de *ive le roi Alexandre* ! En un moment, Alexandre eut revêtu sa cuirasse, se montra aux gardes, et reçut sans la moindre opposition leur serment de fidélité. Peu de jours après, Alexandre le Lyncestien était généreusement récompensé, tandis que ses deux frères étaient exécutés comme complices de Pausanias. Cléopâtre, la veuve de Philippe, et son fils étaient mis à mort. Philotas, le fils de Parménion, partait précipitamment pour l'Asie. Il eut un court entretien avec son père ; tous les deux, avant que les troupes macédoniennes apprissent la mort de Philippe, assassinèrent Attale, et l'armée d'Asie proclama aussitôt Alexandre.

Tout cela est fort étrange, et ne s'explique guère plus facilement qu'une autre tragédie moderne qui offre avec celle-ci une certaine ressemblance. Pausanias paraît avoir été un vaillant soldat, devenu à peu près fou par suite d'un outrage indicible qu'il avait reçu d'Attale dans une orgie. Il avait demandé justice à Philippe, qui s'était moqué de lui, ou qui, selon quelques auteurs, lui avait offert de l'argent. Déshonoré et déterminé à faire un mauvais coup, il paraît qu'il fut entrepris par Olympias et par différentes personnes, qui lui persuadèrent de faire remonter sa vengeance jusqu'à Philippe. Attale d'ailleurs était en Asie, et Pausanias était pressé et avait soif de sang. On prétend que dans son désespoir il s'était adressé à Alexandre, qui lui aurait répondu par un vers de la *Médée* d'Euripide :

Le beau-père, le gendre, avec la fiancée.

Le vers suivant explique l'énigme. Il s'agit de Médée, qui menace de mort Créon, Jason et Glauca, sa nouvelle épouse. Bien qu'ivrogne, Pausanias, comme tous les Macédoniens de bonne maison, connaissait ses classiques. Je me hâte de dire que ce fait n'est rapporté que par un seul auteur. Mais ce qui fait plus honneur à la présence d'esprit qu'à la sensibilité d'Alexandre, c'est la rapidité vraiment admirable avec laquelle il se trouva prêt et à la hauteur de son rôle. Selon toute apparence, le crime avait été préparé par sa mère, à son insu, et il ne se fit aucun scrupule d'en profiter.

Tout en rendant justice au génie de Philippe, M. Grote le traite assez rudement, car il voit en lui le destructeur de l'indépendance grecque, de ce régime démocratique qu'il admire, et auquel il attribue, non sans raison peut-être, le développement extraordinaire des intelligences dans les républiques grecques. Il me semble que Philippe, après tout, n'a fait que ce qu'avaient inutilement tenté avant lui Athènes, Sparte et Thèbes, à savoir de réunir tous les Grecs sous un gouvernement suprême. Athènes la première essaya de soumettre toute la race hellénique à vingt mille gens d'esprit, très amoureux de l'art oratoire. Ils manquèrent leur but, et firent une lourde faute politique lorsqu'ils chargèrent de l'expédition la plus téméraire le plus prudent de leurs généraux, qui s'en acquitta avec le découragement d'une victime dévouée. Sparte réussit un peu mieux, grâce à un homme de génie qui avait la confiance de la majorité de ses patriciens ; mais dès qu'on n'eut plus besoin de Lysandre, on le sacrifia, et bientôt après Sparte perdit tout ce qu'elle avait gagné. Les succès de Thèbes furent encore plus éphémères : elle se borna à exercer des espèces de représailles contre Lacédémone, et elle se fit craindre aussi longtemps que vécut Épaminondas. Observons de quelle manière se conduisirent ces trois républiques pendant que la fortune leur fut favorable.

Les Athéniens traitèrent en général leurs sujets avec douceur, mais ne leur épargnèrent ni les humiliations d'amour-propre, ni les contributions, employées au profit et pour l'amusement des vingt mille gens d'esprit dont je parlais tout à l'heure. La domination de Sparte fut brutale et souvent cruelle ; celle de Thèbes ne le fut guère moins, et à la haine des Béotiens contre leur capitale, on peut juger de son gouvernement. Philippe, qui fut quelquefois un ennemi implacable pendant la guerre, s'appliqua, dès qu'il fut devenu le chef de la confédération hellénique, à maintenir l'ordre et la paix entre toutes les républiques qu'il avait vaincues. Il laissa chacune d'elles s'administrer selon ses lois nationales, mais il lui défendit d'opprimer ses voisins et d'exiler les citoyens qui ne partageaient pas la manière de voir de la majorité. Il ne paraît pas qu'il ait exigé des Grecs des contributions où des troupes, du moins il ne fit rien pour les contraindre à contraindre à son expédition. Il les désarma, mais il les traita avec douceur ; et respecta même soigneusement leurs susceptibilités d'amour-propre On ne doit pas imputer à Philippe la conduite des rois ses successeurs, et surtout de leurs lieutenants, transformés depuis les conquêtes d'Alexandre en despotes asiatiques. Lorsque Philippe monta sur le trône, la Grèce était plus profondément divisée que jamais. Chaque république, pour accabler ses voisins, était prête à implorer le secours du barbare. Non-seulement les Doriens considéraient les Ioniens comme des ennemis, mais encore entre villes de même race existait souvent une animosité non moins acharnée. Orchomène de Béotie voulait la ruine de Thèbes, comme Thèbes voulait la ruine d'Orchomène. Les guerres se faisaient avec une barbarie incroyable. On rasait les cités, on vendait les prisonniers comme esclaves, lorsqu'on ne les massacrait pas. Il est évident qu'une situation si déplorable ne pouvait cesser que par une intervention étrangère. Les forces des villes grecques étant à peu près équilibrées, leurs querelles pouvaient durer indéfiniment, tant qu'elles auraient été réduites à leurs propres ressources. Dans cet état de division, je doute que la Grèce eût rempli la mission que la Providence semblait lui avoir destinée. Un rôle nouveau lui fut dévolu par Philippe. Pacifiée, ralliée sous une loi commune, elle devint le centre des arts et de la civilisation, et son influence sur les destinées du monde n'en fut peut-être pas amoindrie.

Les prodigieuses conquêtes d'Alexandre et la fortune toujours fidèle à ses armes ont éclipsé la gloire de Philippe, et la postérité éblouie a refusé d'attribuer au père la part considérable qui lui appartient dans les succès du fils. M. Grote s'élève avec beaucoup de raison contre cette injustice. C'est Philippe qui avait organisé l'armée macédonienne, qui l'avait disciplinée, aguerrie. Les revers assez fréquents qu'il éprouva dans ses expéditions prouvent combien sa tâche avait été difficile, et sa promptitude à réparer ses pertes et à trouver des ressources nouvelles dans ses désastres montre l'énergie de son caractère et la puissance de son génie. Assurément Pierre le Grand eut plus de mérite a gagner la bataille de Poltava avec une armée qu'il avait créée lui-même que Charles XII n'en avait eu à battre à Narva les Russes, encore sans discipline et sans organisation, avec les excellentes troupes que son père lui avait léguées.

Je ne suivrai pas M. Grote dans le récit des campagnes d'Alexandre, qu'il a retracées avec son exactitude ordinaire, en comparant, toujours par une sage critique, les témoignages des auteurs anciens et les observations des voyageurs modernes. Je me bornerai à citer, d'après lui, deux exemples de ces faveurs inespérées que la fortune prodiguait à Alexandre ; M. Grote les a, ce me semble, exposées beaucoup plus clairement qu'aucun des historiens qui l'ont précédé.

Aussitôt après la mort de Philippe, Alexandre se hâta d'occuper son armée. Il la mena contre les Illyriens, qui les premiers avaient paru disposés à profiter du changement de règne pour regagner le territoire qui leur avait été enlevé. Pendant cette expédition, qui dura plusieurs mois et qui éloignait Alexandre de ses états, la Grèce était en fermentation et prête à prendre les armes. À la première nouvelle de l'assassinat de Philippe, les Athéniens avaient abattu sa statue et s'étaient livrés à une joie peu décente. D'ailleurs, selon leur habitude, les cites hellénique ; loin de se confédérer contre l'ennemi commun, songeaient chacune à tirer de la révolution attendue son profit particulier. Thèbes, plus hardie que les autres, se souleva et assiégea la garnison macédonienne laissée dans la Cadmée. Lorsque ces mouvements étirent lieu, toute la Grèce croyait Alexandre en Illyrie. On était depuis longtemps sans nouvelles de son armée, et on le supposait battu et peut-être tué. Loin de là, ce fut le lendemain d'une bataille décisive contre les Illyriens et les Thraces, lorsqu'il se préparait à retourner à Pella, qu'il reçut la nouvelle du soulèvement de Thèbes. Si le soulèvement avait eu lieu quinze jours puis tôt, la Cadmée pouvait être prise et la position des Macédoniens en face des barbares, avec une insurrection derrière eux, était des plus critiques. Ce délai de quinze jours fût fatal aux Thébains. Si Alexandre fut bien traité de la fortune, il se montra par sa décision digne de ses faveurs. Au lieu de se diriger sur Pella, où on l'attendait, il précipita sa marche en descendant le cours de l'Haliacmon, traversa le Pinde et l'Olympe et parut tout à coup à l'entrée des Thermopyles, lorsque toute la Grèce le croyait ou mort ou aux prises avec les Illyriens. On sait le reste et la façon dont il traita les thébains.

Un bonheur égal l'attendait en Asie ; Après la bataille du Granique, lorsqu'il marchait contre l'armée persane, commandée par Darius en personne, il tomba malade à Tarse pour s'être baigné dans le Cydnus, et son armée demeura immobile pendant plusieurs jours. Pendant ce temps-là, Darius l'attendait dans les plaines de Syrie avec une armée immense et une cavalerie formidable, sur le terrain le plus favorable à cette arme. Dès qu'Alexandre fut rétabli, il passa les défilés du mont Amanus, qui n'étaient point gardés, et se porta contre l'armée persane ; mais précisément au moment où il traversait l'Amanus par une des gorges près de la mer, Darius, ennuyé de l'attendre, passait les montagnes sur un autre point pour le joindre, et allait se jeter étourdiment dans le coupe-gorge d'Issus, sur les derrières de l'armée macédonienne, dans une position où le nombre de ses troupes et surtout sa cavalerie lui devenaient inutiles. La bataille d'Issus fut en grand ce qu'avaient été les premiers combats de Léonidas à l'entrée des Thermopyles. Darius avait beau avoir six cent mille hommes (chiffre d'ailleurs fort douteux), il n'en pouvait mettre en ligne qu'un fort petit nombre, égal au front de bandière des Macédoniens. D'un côté, de pauvres diables mal armés, nullement exercés, peu soucieux du maître que leur donnerait la victoire ; de l'autre, de vieux soldats couverts de fer depuis les pieds jusqu'à la tête, excellents manœuvriers, pleins de confiance dans leur chef et persuadés que s'ils ne battaient pas la racaille qu'ils avaient en face, ils auraient les mains et les pieds coupés comme leurs camarades que les Persans avaient trouvés la veille dans l'hôpital d'Issus : le succès de la journée ne pouvait être douteux. En réalité, il s'agissait de savoir combien un Macédonien pouvait abattre de Persans sans trop se fatiguer, et combien de Persans il faudrait tuer pour déterminer la masse du troupeau à prendre la fuite. M. Grote a jugé Alexandre avec sévérité, mais, je le crois, sans passion. À ses yeux, il fut seulement un grand destructeur, comme Attila, Gengis-Khan et Tamerlan, et si nous le mettons au-dessus de ces terribles fléaux de l'humanité, c'est peut-être parce que notre éducation occidentale nous a laissé une admiration traditionnelle pour les vertus chevaleresques. Dans Alexandre, nous voyons le type accompli de ces preux du moyen âge, à qui nous passons tout en faveur de leurs beaux coups de sabre. Personne n'en sut mieux donner, il est vrai, et M. Grote remarque fort bien que la bravoure téméraire d'Alexandre, qui l'entraînait aux premiers rangs, qui le poussait à payer de sa personne et à frapper lui-même l'ennemi, était le seul défaut qui obscurcît un peu son mérite comme capitaine. S'il était ardent dans la mêlée, il n'en était pas moins un grand tacticien, un organisateur excellent qui sut toujours faire vivre son armée par la guerre. Mais quel fut son but, sa politique ? qu'a-t-il fait pour son pays et pour l'humanité ? Son but fut la domination universelle, qu'il crut possible, et qui l'était peut-être pour lui, s'il eût vécu. Toute résistance l'exaspérait. Il se jetait avec la même furie sur un pays riche et puissant, sur des adversaires dignes de lui, ou bien sur une poignée de montagnards ne possédant que quelques chèvres, mais qui avaient l'insolence de vouloir vivre libres. On raconte qu'un faquir indien tout nu, le voyant un jour en belle humeur, osa lui dire : « Tu es un homme comme nous, Alexandre ; seulement tu as quitté ta maison, t'ingérant de tout détruire, te donnant force tracas pour en donner aux autres. » On aurait pu dire peut-être d'Alexandre ce qu'un diplomate disait d'une nation : « Grattez le Grec, vous trouverez dessous le Thrace ou l'Illyrien. » Il n'était Grec en effet que par son éducation littéraire. Il savait l'*Iliade* par cœur, et il s'était de bonne heure proposé Achille pour modèle,

Jura neget sibi nata, nihil non arroget armis.

Les légendes helléniques d'Hercule, de Persée, de Bacchus, ne lui étaient pas moins familières. Être héros et devenir dieu, voilà le projet qu'il prétendit exécuter à la lettre.

Ce serait une grave erreur, selon M. Grote, que d'attribuer à Alexandre des plans pour l'amélioration de la race humaine au moyen d'un gouvernement unique dont il aurait été le chef. Bien dans sa vie n'indique une pensée semblable. Lorsqu'il mourut, il était tout occupé de nouvelles conquêtes, et pour son insatiable activité, partout où il y avait des hommes indépendants, il y avait des ennemis. L'occupation de l'Arabie, de l'Afrique jusqu'aux piliers d'Hercule, l'invasion de l'Espagne, de la Gaule, de l'Italie, contrées dont il ne connaissait peut-être que le nom, voilà les desseins dont il entretenait Cratère, un de ses confidents, peu de jours avant sa mort. Dans chaque nouvelle conquête, il ne voyait que le moyen de passer à une autre. Les idées en matière de gouvernement qu'il avait reçues de son précepteur Aristote étaient les suivantes : « traiter les Grecs comme ses soldats, les barbares comme ses serfs. » En effet, les idées de philanthropie générale étaient encore inconnues, même aux philosophes. Toutefois le programme d'Aristote ne fut pas suivi par son disciple. Grecs ou barbares, il exigea de tous la même soumission, la même obéissance aveugle. Eût-il eu le dessein d'améliorer la condition des peuples qu'il ajoutait chaque jour à son empire, la rapidité de ses conquêtes ne lui en eût pas laissé le loisir. Son système de gouvernement fut des plus simples. Dans les idées du temps, le pouvoir du grand roi étant le plus considérable que l'on connût, Alexandre se substitua au grand roi, ajoutant encore à la majesté souveraine un prestige de plus, car il se déclara un être divin, fils d'un dieu et dieu lui-même. À l'organisation du gouvernement persan, il ne changea rien ; seulement il remplaça quelques hommes, fit de nouveaux satrapes, qu'il choisit parmi les Macédoniens, les Grecs, les Persans même. Peu avant sa mort, il semblait pencher vers les Asiatiques, parce qu'il les trouvait sans doute meilleurs courtisans que ses soldats, trop habitués au sans-gêne des camps pour se plier promptement à la nouvelle étiquette. En un mot, pour me servir des expressions de M. Grote, « Alexandre traita les barbares et les Grecs de la même manière ; il n'éleva pas les premiers, mais il abaissa les seconds. Au lieu d'helléniser l'Asie, il s'efforça de rendre asiatiques la Grèce et la Macédoine. »

On a probablement fort exagéré le nombre des villes fondées par Alexandre, ou plutôt on a donné le nom de villes à des camps et à des postes fortifiés, qu'il laissait çà et la sur sa ligne d'opérations. De toutes ces villes, Alexandrie en Égypte fut la seule qui prit un grand accroissement, et elle ne fleurit réellement que sous ses successeurs. C'est encore à ces lieutenants d'Alexandre, qui se partagèrent son héritage, qu'il faut attribuer l'influence grecque dominante en Asie, et qui survécut même à la conquête romaine. M. Grote explique fort bien d'ailleurs que cette influence fut plutôt celle des hommes que des institutions de la Grèce. Les successeurs d'Alexandre ne pensèrent pas à faire des conquêtes, mais à se fortifier dans les provinces qui leur étaient échues en partage. À cet effet, ils attirèrent autour d'eux des Macédoniens et des Grecs, parce qu'ils les croyaient meilleurs soldats que les gens du pays — et meilleurs collecteurs d'impôts. Des artistes, des commerçants, des ouvriers accoururent s'établir dans les villes fondées ou agrandies par ces rois macédoniens ; mais toute cette émigration grecque n'apporta en Asie aucune des idées politiques de la patrie. Empressés de faire fortune, ils ne songeaient qu'à complaire au prince ; ils furent des instruments de despotisme très intelligents. L'amour du gain et la vie molle et voluptueuse de l'Orient changèrent rapidement leurs mœurs, et leur firent oublier leurs antiques traditions d'indépendance, lorsque Polybe visita Alexandrie, moins de deux siècles après Alexandre, il y trouva une vile canaille parlant bon grec, mais Aussi abrutie et corrompue que la canaille égyptienne.

Toutefois il faut savoir gré au conquérant d'un bienfait immense dont il fut l'auteur sans trop savoir ce qu'il faisait. C'est à lui qu'est due la diffusion de la langue grecque, qui devint rapidement celle de tous les honnêtes gens dans' e monde antique. Non-seulement elle aplanit les obstacles qui rendaient autrefois si difficiles les relations de peuple à peuple, mais encore elle prépara l'empire romain à la grande révolution qui devait régénérer l'humanité.

Les deniers chapitres de M. Grote contiennent le récit des guerres civiles entre les lieutenants d'Alexandre qui prirent la Grèce pour leur champ de bataille. La Grèce n'est plus qu'un cadavre qu'on se dispute, comme le corps de Patrocle, sur lequel s'égorgent Grecs et Troyens, L'histoire fort obscure de la Sicile et celle des colonies, grecques du Bosphore, encore plus obscure, terminent le cinquième volume. On lira avec intérêt d'un roman la vie extraordinaire, d'Agathocles, auprès de qui César Borgia et les pires tyrans italiens du moyen âge furent de petits saints.

Si l'on jette un regard d'ensemble sur l'immense tableau que M. Grote vient de dérouler à nos yeux, on sera sans doute frappé de ce trait extraordinaire et si caractéristique de l'histoire de la Grèce. Sur un territoire peu fertile, resserré, en présence d'obstacles naturels nombreux et difficiles à surmonter, plusieurs villes parviennent avec une inconcevable rapidité à une situation florissante ; tous les genres de gloires sont recherchés et conquis par elles, et cependant ces villes, tant qu'elles conservent leur autonomie, ne peuvent organiser en nation. Avant la conquête macédonienne, il y eut des Spartiates, des Athéniens, des Thébains, et vingt autres républiques qui, du haut de leur acropole, voyaient des acropoles étrangères. Il n'y avait pas de Grecs parce qu'il n'y avait pas un intérêt commun à toutes ces républiques. Aujourd'hui toute société d'hommes ayant l'ambition de s'agrandir cherche à se recruter en s'associant de nouveaux membres qui prennent part à ses charges, et à ses avantages. Les institutions grecques au contraire semblent fondées sur un principe tout différent. Aristocraties et démocraties étaient fermées. Les Spartiates, de même que les Athéniens, voulaient en s'agrandissant avoir des sujets et non des égaux. Quelque étroites que fussent les frontières d'une cité grecque, elles renfermaient une population privilégiée et une autre population vivant dans une infériorité relative. Le patriotisme hellénique fut toujours étroit, jaloux et oppresseur. Les villes voisines se haïssaient, bien qu'ayant une origine commune. Il fallait un danger extraordinaire pour les obliger à se confédérer, et cela n'arriva qu'une fois, lors de l'invasion de Xercès ; encore, à vrai dire, la cause commune ne fut-elle défendue que par Sparte et par Athènes. Je remarque de plus que dans une occasion si pressante la communauté du péril n'effaça pas les prétentions dominatrices entre les nouveaux alliés. Sparte, qui n'avait à Salamine qu'un seul vaisseau, s'arrogeait le commandement suprême de la flotte, et son amiral faillit tout perdre.

Il y avait des traditions religieuses communes à toutes les tribus grecques ; mais on cherche vainement une institution politique qui tende à les réunir en corps de nation, à les protéger dans leur isolement contre un ennemi étranger. Je ne vois que les jeux olympiques et la diète des Amphictyons, qui semblent inventés pour rapprocher les différentes populations de la Grèce. À mon avis, l'excitation des jeux olympiques, qui mettait en mouvement tous les amours-propres, était peu propre à calmer les rivalités nationales. Quant au tribunal des Amphictyons, c'était un souvenir des temps héroïques qui avait perdu politiquement toute son importance, si tant est que dans le principe il fut une assemblée générale de la Grèce. À l'époque de sa fondation, douze états autonomes y en voyaient leurs députés, et une vieille superstition avait empêché d'y faire le moindre changement, bien que plusieurs des états admis à la diète eussent perdu leur indépendance, et que des républiques puissantes, mais nouvelles, n'y fussent pas représentées. Depuis longtemps, les décisions de ce tribunal n'étaient plus exécutées, lorsqu'il parvint à donner une triste preuve de son existence en excitant une guerre religieuse entre les soi-disant confédérés. Bientôt après, Philippe s'en servit comme d'un instrument pour imposer sa domination.

La durée de l'autonomie de la Grèce ne s'explique que par la faiblesse de ses voisins. Les Thraces, les

Illyriens et les autres barbares de sa frontière septentrionale étaient encore plus divisés qu'elle. Il avait fallu l'ineptie des généraux de Xercès pour que son expédition n'écrasât pas la petite armée des Hellènes. Dès qu'il y eut au nord de la Grèce un état régulièrement organisé, elle perdit son indépendance. Elle n'en continua pas moins sa mission civilisatrice. Ses enfants, dispersés dans le monde antique comme les Juifs après la prise de la cité sainte, portèrent partout leurs arts, leurs sciences, leur littérature. La vieille gloire de leurs ancêtres les protégeait. Un Grec avait une espèce de caractère sacré. Il était en effet un apôtre de la civilisation. Pompée avait recruté quelques oisifs à Athènes, qui se firent prendre à Pharsale. César, le lendemain de la bataille, leur demanda en bon grec et d'une voix sévère de quoi ils se mêlaient ; puis, d'un ton radouci : « Allez, dit-il, vos grands morts vous sauvent. »